环东北亚
国际自由贸易区及

我国保税港区
发展研究

顾六宝 等◎著

中国社会科学出版社

图书在版编目（CIP）数据

环东北亚国际自由贸易区及我国保税港区发展研究/顾六宝
等著.—北京：中国社会科学出版社，2017.4
ISBN 978 - 7 - 5161 - 9992 - 3

Ⅰ.①环⋯ Ⅱ.①顾⋯ Ⅲ.①东北亚经济圈—自由贸易
区—港区—发展战略—研究 Ⅳ.①F114.46

中国版本图书馆 CIP 数据核字（2017）第 047457 号

出 版 人	赵剑英	
责任编辑	谢欣露	
责任校对	周晓东	
责任印制	王 超	
出 版	中国社会科学出版社	
社 址	北京鼓楼西大街甲 158 号	
邮 编	100720	
网 址	http://www.csspw.cn	
发 行 部	010 - 84083685	
门 市 部	010 - 84029450	
经 销	新华书店及其他书店	
印刷装订	北京君升印刷有限公司	
版 次	2017 年 4 月第 1 版	
印 次	2017 年 4 月第 1 次印刷	
开 本	710×1000 1/16	
印 张	10.25	
插 页	2	
字 数	151 千字	
定 价	46.00 元	

凡购买中国社会科学出版社图书，如有质量问题请与本社营销中心联系调换
电话：010 - 84083683

前　言

　　自由贸易区在全球已有450多年的发展历史。截至2014年年末，世界上以自由贸易区（包括自由区、对外贸易区、出口加工区等）确立的区域，已超过1200个。它们既存在于发达国家和地区，也分布在发展中国家。其中，环东北亚国际自由贸易区的发展势头已引起全世界的瞩目。在东北亚的经济地理版图上，中国（重点区域是华北、华东、东北）、日本、韩国、朝鲜、蒙古、俄罗斯（重点是亚洲地区）人口约10亿，GDP 14万多亿美元。虽然东北亚地区各国之间在社会经济制度、经济发展水平等方面有很大差异，但在全球经济及区域经济竞争的新形势下，东北亚各国都采取了新的举措，经济发展态势迅猛。其中，港口经济已经成为各国经济发展策略中提升本国经济竞争力的最重要选择。目前，我国GDP对外贸易依存度已经超过了40%，超过了美国和日本。随着我国经济总量的不断增加，国际集装箱货运量必将急剧增长，对港口物流服务的需求形成了巨大的潜在市场。现在国内与北美及欧洲之间集装箱货运量的70%仍要通过境外港口中转，而这些中转业务如果是在境内开展，将对港口城市经济发展起到巨大的带动作用。因此，全面了解东北亚经济竞争的变化特点及发展趋势，分析发展的内外部原因，提出我们应对与发展的措施，对于提升我国经济的竞争力，从而推动国际经济合作具有重要意义。

　　我国海关特殊监管区经过了20多年的发展，先后建立了10个保税区、14个保税港区、68个综合保税区和2个自由贸易区。2008年以来，随着我国经济的发展，对外贸易量加大，无论是沿海地区还是内陆地区，对保税区的建设都有着迫切的需求。在经济全球化与区域一体化步伐不断加快的形势下，与欧盟、北美等自由贸易区的发展相比，中国各保税区在功能开发以及向自由贸易区转型等方面还不够完善，与自由贸易区有较大的差距。随着我国"一带一路"战略的实施，以及我国对外贸易、对外投资和引进外资的不断发展，国务院于 2015 年 8 月正式下发了关于《加快海关特殊监管区域整合优化方案》的文件。

基于以上背景，本书为适应我国保税区、保税港区等海关特殊监管区域快速发展的实际情况，依据国际自由贸易区发展的相关理论，针对我国保税港区发展中面临的一些突出问题进行了研究分析，如保税港区的运行效率、我国保税港区对腹地经济的拉动效应、环东北亚各保税港区发展的比较等。因为我国部分保税港区也是由保税区转型而来，而我国保税区的数据资料较丰富，所以，在本书的实证研究时，采用保税区的部分数据来代替保税港区的数据。本书的研究收集了大量数据资料，采用了定性分析和定量分析相结合的多种分析方法与手段，如数据包络分析、因子分析、计量经济模型等。

本书研究主要包括以下四方面内容：

第一，对我国保税港区相关理论、发展历程及现状进行较详细的分析，回顾其发展历程。以上海、青岛、天津、大连、宁波等城市的保税港区为重点研究对象，总结其经验，揭示我国保税港区发展中的问题及其根源。

第二，对境外自由贸易区特别是环东北亚地区各国自由贸易区的历史和现状做较详尽的介绍与分析，并探讨日韩自由贸易区在立法、申请与设立程序等方面的发展经验，指出我国保税港区发展存在的问题及成因。

第三，分析了交易成本及测度理论，指出交易效率是衡量交易成本的新视角。在此基础上，对我国保税港区发展的交易效率水平进行了综合评价，并就我国保税港区对腹地经济的拉动效应及拉动效率进行了比较分析。

第四，针对我国的具体情况，对我国的保税港区在转型时期的发展制约因素和必要性等问题进行分析研究，提出了促进我国保税港区向自由贸易区转型和加快我国保税港区发展的总体思路与对策建议，对促进我国保税港区发展以及向自由贸易区转型方面将会起到重要的借鉴作用。

　　本书是由河北大学经济学院顾六宝教授主持的国家软科学课题"环东北亚国际自由贸易区及我国保税港区发展战略研究"（编号：2009GXS5B097）总报告整理、补充、修订而来。

　　课题组主要成员有胡海林、王怀岳、王盂欣、刘兴开、杨宏玲、朱长存、姚伟、刘渊渊、肖尧7位经济学博士、2位经济学硕士；还有张洪源、高琳、王亚楠、高艳杰、陈威羽5位在读硕士研究生。课题组成员分别以课题研讨、博士论文、硕士论文等形式参与了本书总体设计、调研、数据资料搜集分析、文献整理、写作、修改定稿等研究工作。

　　课题组在课题研究过程中对我国保税区及保税港区进行了多次调研和考察，研究所揭示的问题和得出的结论对我国保税区及保税港区的工作具有一定的参考价值和较强的指导意义。本书研究实现了定性分析和定量分析相结合，论证充分，成果具有一定的理论价值和实践指导意义。不足之处在于，随着国际自由贸易的不断发展，一些新情况、新问题也在不断涌现，我国的海关特殊监管区域及相关政策也在不断地调整和变化，本书研究应进一步跟进这些变化，从而在政策建议上进一步研究使之细化，希望以后能做进一步的后续研究。

"环东北亚国际自由贸易区及我国保税港区发展战略研究"课题组
2016年6月

目　录

绪　论

第一节　研究背景及意义

在环东北亚的经济地理版图上，中国（重点区域是华北、华东、东北）、日本、韩国、朝鲜、蒙古、俄罗斯（重点是亚洲地区）人口约10亿，GDP 14万多亿美元。虽然东北亚地区各国之间在社会经济制度、经济发展水平等方面有很大差异，但在全球经济及区域经济竞争的新形势下，东北亚各国都采取了新的举措，经济发展态势迅猛。各国均将发展港口经济作为提升经济竞争力的重要策略。

韩国已确定把仁川市建成集航运、物流、金融、高新技术为一体的经济特区，加上釜山、光阳、济州等自由贸易港区，将形成开放型经济带，带动经济全面发展。日本从1992年就在主要港口设立自由贸易区，其码头附近都建有提供多功能服务的物流中心。同时，推出自由贸易港区计划，冲绳、大阪、神户、横滨等城市都相继设立了经济特区和大型化工物流中转码头（陈淑真等，2003）。俄罗斯远东依靠丰富的石油、木材资源和强劲增长的经济实力，也加快了远东港口城市建设开发的力度。朝鲜与蒙古两国先后设立了多处自由贸易区来吸引外资，争夺加工贸易的资源。日韩两国的目的是与中国的沿海港口争夺国际中转货源，因此，我国环渤海地区的集装箱货源成为他们的重点目标。近年来，我国北方地区远洋货源境外中转现象逐年增加，严重制约了我国港口的航线开发和枢纽港建设。2015年，我国GDP对外贸易依存度已达到36%，已连续3年位居世界第一。

我国自 1990 年 9 月设立第一个保税区——上海外高桥保税区以来，截至 2016 年 5 月，我国已批准建立了 128 个海关特殊监管区。经过十几年的不断发展，各海关特殊监管区经济实力持续增强，在连接国内与国外的两个市场、促进国际贸易（特别是扩大外贸出口）、引进国外资金和技术、促进我国经济适应全球化潮流等方面，都发挥了一定的作用。然而，进入 21 世纪以后，随着我国加入 WTO 及产业结构的战略调整，总体关税水平下调，出口退税率及出口补贴下降，汽车等特殊商品的保税优惠取消，保税区政策优势逐步减弱，同时现有的保税区功能单一，开放程度有限，使保税港区的发展出现了一些困难。因此，各保税区纷纷与当地港口联合，实现区港联动，逐渐向保税港区过渡。2005年上海洋山保税港区设立，成为我国第一个保税港区。至今转型而来及新成立的保税港区共有 14 个。①

从未来发展趋势看，我国的保税港区最终要向自由贸易区发展。然而，由于各保税港区区域位置、腹地经济、管理模式等各不相同，各保税港区在发展过程中也会有不同的路径选择。特别是我国环东北亚地区的大连、天津、青岛等地的保税港区，在依托的腹地经济、面向的国际国内市场、保税港区的功能定位等方面存在较大差异。本书依据自由贸易区和保税港区相关理论，在对环东北亚地区保税港区发展状况包括进行深入调查研究的基础上，通过对环东北亚自由贸易区进行比较研究，并就保税港区对腹地经济增长的拉动效应进行研究，可以掌握不同保税港区发展状况的差异，进而分析造成这种差异的各种影响因素。在此基础上，明确环东北亚地区各国的国际自由贸易区发展战略，明晰我国保税港区特别是青岛、天津、大连的保税港区的分工定位以及优化资源配置策略，这对于提升我国保税港区在环东北亚国家中的国际竞争力具有重要意义。

---

① 这 14 个保税港区包括：上海洋山、天津东疆、大连大窑湾、海南洋浦、宁波梅山、广西钦州、厦门海沧、青岛前湾、深圳前海湾、广州南沙、重庆两路寸滩、张家港、烟台和福州保税港区。

第二节　国内外研究现状

一　自由贸易区和保税区发展的研究现状

第二次世界大战以后，随着世界经济的发展，国际贸易的规模不断扩大，自由贸易区迅速增长。从世界上第一个自由贸易区产生到美国成为拥有513个自由贸易区的国家（美国商务部，2006），可以看到，全球将迎来自由港、自由贸易区、高新技术开发区、对外贸易区、出口加工区等各类自由贸易区竞相发展的新局面。全球已有1200多个自由贸易区，其中15个发达国家设立了425个，67个发展中国家共设立了775个（洪叶，2008）。

对自由贸易区在世界经济中作用的评价有悲观和乐观两种观点。瑞典经学家、诺贝尔经济学奖获得者缪尔达尔（Myrdal G.）对自由贸易区在一国经济发展中的作用持悲观态度，他使用"回波"和"扩散"这两种原理来分析国家在不同发展阶段和不同地区的经济发展情况。扩散效应即一个地区的经济增长对其他地区经济发展带来的正的贡献，如新技术的扩散、市场的扩大。扩散效应将不断缩小不同地区之间经济发展的距离。回波效应是由于落后地区的人力资源向发达地区流动、资本向发达地区转移和贸易向外发展而产生的对本地区经济的打击。回波效应将导致地区间的经济差距不断扩大。缪尔达尔认为，一个国家越穷，回波效应的支配力就越强大，发展中国家不要盲目创办自由贸易区，维持自由贸易区对经济发展没有任何好处。各国加入WTO后，由于关税大幅度降低，依靠政策优惠的自由贸易区几乎没有存在的必要性。持乐观观点的人认为，自由贸易区是推动经济全球化的有力工具之一。美国经济学家赫尔施曼（Hirschman A. O.）认为，发展中国家应当实施"非均衡增长"的发展原则。一国设立自由贸易区，实行自由贸易政策，实现与国际经济的对接，优化全球资源的配置，可促进设区国的经济增长。

美国作为世界上拥有自由贸易区最多的国家，政府研究机构和经济学家都对自由贸易区的理论进行了充分研究。至 20 世纪 90 年代初期，形成了较为完整的研究成果。成果主要包括四部分内容：第一，关于对外贸易区①法律、关税、配额等方面的研究；第二，关于对外贸易区对周边地区经济和社会发展影响的研究；第三，关于对外贸易区对美国进出口影响的研究；第四，关于分析对外贸易区对美国汽车工业的全球营销的作用（高海乡，2006）。

另外，John J. Da Ponte Jr.（1980）和 William G. Kanellis（1985）详细分析并总结了美国对外贸易区的立法过程，研究结果表明，美国的对外贸易区自设立之日起就有明确的国家级统一法律（对外贸易区法）对它进行规范和维持，为对外贸易区以后的良性运转奠定了坚实的法律制度基础。

自由贸易区对腹地经济有明显的拉动作用已成为一种共识，但在自由贸易区对腹地经济拉动作用的理论及传导机制方面，现有研究往往较少涉及。

保税区作为中国发展对外贸易的一种政策工具，在我国只有 20 多年的历史，国内相关理论研究相对滞后。但随着保税区的设立和在发展实践中经验的积累，还是初步形成了自己的理论框架，并在现有的研究基础上进行了发展与创新。研究成果主要包括：第一，关于国外自由贸易区、自由港、出口加工区的研究；第二，中国保税区与自由贸易区的对比研究、绩效评价和转型研究；第三，关于保税港区的研究。

二 保税区向自由贸易区的转型问题研究

中国加入 WTO 前后，保税区的研究开始集中于对保税区的制度转型、发展方向、目标模式的探讨。保税区向国际规范的自由贸易区转型得到了大多数专家学者和保税区从业人士的认可。研究文献主要围绕保税区向自由贸易区转型的法律保障、存在问题及困难、目标模式、管理体制、转型遵循的原则、转型的阶段与步骤、转型的战略意

---

① 美国的"对外贸易区"就是这里所说的"自由贸易区"。以"对外贸易区"（foreign - trade zone）来代替"自由贸易区"（free trade zone）主要是为了法案的顺利通过。

义展开。

李友华（2001）提出，中国保税区存在的难题是：保税区法律定性不明确；政府多重管理；保税区功能建设重复交叉；政府管理部门管理职责界定不清楚；国家对保税区发展方向无明确指明；定性不清；地方政府干预过多致管理混乱；海关监管手续烦琐导致入区企业交易成本上升；各部门对保税区的认识不统一，存在盲区；港区合一困难重重。他同时指出，由于没有全国统一的保税区管理条例，这一法律制度缺失已成为保税区进一步发展与转型的首要"瓶颈"与难题。保税区作为中国开放程度较高的区域，不仅是所在城市的重要经济增长点，而且是与国际市场对接的重要平台。保税区要尽早突破"瓶颈"，尽早定性定位，对于保税区向国际通行自由贸易区转型具有重大的意义。

成思危（2003）提出，我国保税区转型的目标模式为：（1）境内关外，适当放开。保税区的性质明确为与国际惯例相符的、处于"境内关外"的特殊经济区域，实行"一线放开、二线管住、区内自由"以坚实的制度来保持和扩大对国外投资者的持续吸引力。（2）物流主导，综合配套。随着经济全球化程度的日益提高，国际物流功能已成为自由贸易区功能扩充的主导方向，现代物流可提高跨国公司的竞争能力，降低其交易成本，并且还能产生聚集效应，促使多个跨国公司的物流中心集聚在同一个自由贸易区。（3）区港结合，协调发展。实现区港结合，可以更好地发挥港口的地理区位优势，降低跨国公司的物流成本，为国际转口贸易提供便利，提升保税区的综合竞争力，促进保税区与港口的共同发展。（4）统一领导，属地管理。保税区应制定国家层面的法律制度，明确中央管理部门与地方管理单位的职责与分工，为保税区的健康发展营造清晰的管理与服务环境。保税区在改革转型的过程中要分阶段进行，大致可经过试点阶段（2003—2006年）、调整阶段（2007—2010年）和巩固阶段（2011—2015年），从而完成保税区向自由贸易区的转型。

李友华（2004）归纳了保税区管理体制的历史成因及模式，从宏观和微观层面对其弊端进行了详尽的分析，提出了体制重构目标。

刘恩专（2004）通过对保税区竞争力的研究，构建了保税区竞争力评价的指标体系，并对五个保税区的竞争力进行排序。

刘辉群（2005）认为，中国保税区转型应实行非均衡发展战略。对其中发展态势良好和发展潜力巨大的保税区，应实行重点倾斜政策，努力把它转型成为具有国际竞争力的自由贸易区。

高海乡（2006）在国内首次对中国的保税区目标模式问题进行了系统研究，提出了一个基本的分析框架和研究思路，并在国外相关研究成果的基础上，提出了保税区的运作模型。

李伯溪（2009）从国家发展战略的高度上指出：在改革开放30多年成功经验的基础上，建立自由贸易区是进一步深化改革开放的需要，同时将对促进我国经济社会发展和提升中国在国际经济格局中的地位有重要意义。

综上所述，保税区的相关研究对于其20多年的快速发展做出了较大贡献。然而，不可否认的是，在对保税区的研究中尚存在一些不足之处：（1）研究范围的局限性，大多集中于某一方面或几个方面，缺乏系统性；（2）研究成果忽视理论基础，大都属于对策研究，说服力不强；（3）研究方法偏重于定性研究，定量研究较少。

三 保税港区对腹地经济的影响研究

保税港区对腹地经济有明显的拉动作用已成为一种共识，但在保税港区对腹地经济拉动作用的理论及传导机制方面，现有研究往往较少涉及。彼得·G. 沃尔（1989）运用改进的J－C模型进行理论推导，并结合印度尼西亚雅加达出口加工区、韩国马山出口加工区、马来西亚槟榔出口加工区、菲律宾巴丹出口加工区进行了案例分析，从而指出了出口加工区在原料的当地采购、技术转移和劳动力就业等方面的局限性。约翰·R. 麦金太尔等（Jonh R. Mclntyre et al.，1996）分析了出口加工区对东道国经济增长贡献较小的原因，尤其是在就业、技术转移和外汇收入等方面的不足，并阐明了出口加工区的收益与其区位优势、隔绝状况的关系。此外，戈伟（Wei Ge，1999）等将中国的经济特区（如深圳）也视为出口加工区，并做了大量研究。

就国内的研究状况看，赵榄和常伟（2008）认为，保税区主要是通过其巨大的贸易创造效应、物流集散效应、投资乘数效应以及技术外溢效应来影响腹地经济的运行，最终达到加快腹地商贸流通、提升腹地产业结构、增加腹地就业人口、提高腹地技术水平等作用。牛玉凤（2008）从物流处理体系、出口加工、信息传播、提高腹地企业资金周转率、管理经验与技术扩散等角度分析了保税区对腹地经济的拉动作用。丁井国、钟昌标（2010）选取宁波、杭州、温州3个腹地城市进行分析，以集装箱吞吐量和直接腹地综合工业总产值两个指标来研究港口与腹地经济的关系。综合工业总产值是由这3个城市的工业总产值的加权计算而得，权重由相对引力模型确定。实证分析表明，港口与腹地经济之间存在长期稳定的关系。李晶和吕靖（2007）选取大连港集装箱吞吐量作为因变量，把东北地区实际GDP、第二产业GDP和该地区进出口总额作为解释变量，实证分析了东北经济对大连港集装箱吞吐量的影响。陶锋、莫桂海（2009）对我国保税区发展水平进行了评价，并基于15个保税区的数据资料，实证研究了保税区发展对腹地经济的依赖。

总体来看，虽然现有一些文献就保税港区对腹地经济拉动作用进行了研究，但多是直接选取若干反映腹地经济发展状况的变量进行实证分析，很少有人从理论上探析其作用的路径及传导机制，因此，变量的选取缺乏理论支撑，具有较大的随意性，所得结果也难以令人满意。

四　关于保税（港）区发展的综合评价研究

由于保税港区是我国的特色产物，出现仅十几年的时间，加之规模不大且数量较少，因此国外学者对其研究较少。何伟军（1998）利用模糊数学的方法，建立保税区（库）综合评价模糊数学模型的专家咨询系统，对三峡设立保税区（库）的可行性进行研究，从备选方案中选取最优方案。刘恩专（1999）对天津保税区的区域经济发展效应进行了分析，认为保税区不仅是母城经济的重要增长点，也是腹地经济与国际接轨不可多得的通道和驱动器，其区域经济带动的乘数效应远比其自身经济绩效更重要。陈双喜和张峰（2005）通过调查研究，分析设计了影响保税区经济可持续发展的指标体系，运用层次分析法建立了相应的评价模型。刘辉群和刘恩专（2008）在分析我国保税港区设立的背景及其发展的基础上，选取 28 个指标，采用主成分分析方法，分析保税港区作为开放区域对区域经济的作用，得出设立和发展中国保税港区的重大意义，并提出今后发展建设中国保税港区的政策建议。王宗军等（2005）以决策支持系统的理论方法为基础，综合运用人工智能、专家系统、模糊集、因子分析等理论方法，提出了中国保税区发展水平综合评价的指标体系，介绍了中国保税区发展水平的集成式智能化综合评价系统（IICES）的基本结构模式，探讨了 IICES 的实现技术与方法，给出了 IICES 的应用实例。

另外，国内专家学者对经济特区、高新技术产业开发区、经济技术开发区等的评价有许多定量的分析方法，大都采用聚类分析、因子分析、主成分分析、数据包络分析、灰色系统理论等。莫剑芳等（2001）探讨了将数据包络分析（DEA）理论用于经济系统的分析研究，并以深圳为例，从技术分析角度回顾总结了经济特区的发展。陈益升等（1996）通过对高新区系统的结构特征、评价指标的设计原则、评价指标的分类选择的研究，初步建立了高新区考评指标体系设计的基本框架和方法，他们将考评指标体系的一级指标分为三类：经济、科技、环境，又划分为 37 项二级指标，并给出了权系数设计的参考方案。张向先等（1997）研究了高新区的基本功能——集聚功能、孵化功能、扩散功能、渗透功能、示范功能、波及功能，在此基础上确定高新区评价指标体系，它是各项基本功能评价指标和各种基本功能相互作用下产生的总功能评价指标的总和。

五　我国保税（港）区与国外保税港区的比较研究

在我国保税港区与国外保税港区发展的比较研究方面，吴敏（2010）就美国对外贸易区在推进贸易便利化方面实行的一系列改革进行了分析，指出中国应大胆借鉴美国在对外贸易区内实施贸易便利化方面的成功经验，对中国保税港区进行改革，以推进我国贸易便利化的实施，促进对外贸易发展。杨金花（2009）就天津保税区发展状况与巴拿马科隆自由贸易区进行了比较研究，对我国保税区发展提出了对策建议。祁欣（2009）对中日保税区发展进行了对比分析。总体上看，关于我国保税港区与国外保税港区进行比较研究的文献并不多；并且由于资料及数据获取上的困难，现有研究多是对国内外保税港区进行定性比较研究，定量研究较少。

第三节　相关研究概念界定

本书涉及众多与保税区相关的研究概念，如海关特殊监管区域、自由贸易区、出口加工区、保税物流园区、综合保税区等，本节将此类概念加以界定。

一　海关特殊监管区域与自由贸易区

海关特殊监管区域是一个国家或地区实现某些特定目的（如吸引外资、扩大出口、促进贸易、资金自由、投资优惠等）的特定区域（杨建文和陆军荣，2008）。大多数国家和地区并没有直接使用海关特殊监管区域这一概念，但符合这一内涵的区域概念广泛存在，如自由贸易区、自由港、自由贸易港区、出口加工区、综合保税区、保税港区等。自 1990 年国务院批准设立上海外高桥保税区开始，至今已设立了 128 个海关特殊监管区域。

我国海关特殊监管区域的设立来源于国际上自由贸易区的概念。自由贸易区有狭义和广义之分。广义的自由贸易区包括的范围并不局限于一个国家（或地区）之内，通常介于两个或两个以上国家（或地区）之间，各方通过签订某种自由贸易协议，同意减除彼此之间的贸易障碍，包括关税及非关税障碍。更准确地说，广义的自由贸易区更应当称为自由贸易区域，在英文中通常称作 "Free Trade Area"（FTA）。狭义的自由贸易区往往指在一个国家或单独关税区内设立的实行优惠税收和特殊监管政策的小块特定区域。在《京都公约》① 中所指的自由区可视为狭义的自由贸易区，其中对自由区做如下定义：

---

① 即《关于简化和协调海关业务制度的国际公约》（International Convention on the Simplification and Harmonization of Customs Procedures），海关合作理事会 1973 年 5 月 18 日在日本京都召开的第 41/42 届年会上通过，1974 年 9 月 25 日生效。

"自由区系指缔约方境内的一部分,进入这一部分的任何货物,就进口税费而言,通常视为在关境之外,并免于实施通常的海关监管措施,有的国家还使用其他一些称谓,例如自由港、自由仓等。"狭义的自由贸易区在英文中通常称作"Free Trade Zone",本书使用狭义的自由贸易区概念。

我国海关特殊监管区域的设立理念源于上述狭义自由贸易区的经验和管理理念,但与《京都公约》中所指的自由区仍存在某些不同,两者监管模式对照如表0-1所示。

表0-1 海关特殊监管区域与狭义自由贸易区监管模式的区别

狭义自由贸易区	海关特殊监管区域
海关管辖之外,实行"境内进出区"管理	海关全面监管,实行"境内外进出区"管理
取消对进口货物的配额管理	有条件取消对进口货物的配额管制
外国货物免税进口	外国货物有条件免税进口
实行卡口管理,区内货物流转不管制	卡口、区内联网,货物流转办理相关手续
不进行经营范围管制	进行经营范围管制
不限制区域功能	限制区域功能
区内不设立管理部门	区内有个别管理部门

注:本表转引自海关总署加工贸易及保税监管司编《中国海关保税实务大全》,中国海关出版社2010年版,第268页。

我国设立的海关特殊监管区域包括保税区、保税港区、出口加工区、综合保税区、保税物流园区、保税仓库等。由于设立的时间和背景不同,这些区域的功能和政策也有所不同。

二 综合保税区

综合保税区是海关特殊监管区域的一种,也是我国最早设立的海关特殊监管区域。"保税"一词意指进口货物暂不缴纳相关进口税,而是可以在海关监管之下在境内指定场所进行储存、加工、装配等活动的一种海关监管制度。享受此保税待遇的货物称为保税货物,享受保税许可的特定区域称为综合保税区。

我国综合保税区是指经国务院批准设立的,具备保税加工、保税仓储、进出口贸易和进出口商品展示等功能的海关特殊监管区域。综合保税区在政策、功能、管理模式等均与保税港区相同。2006 年 12 月，国家批准苏州工业园区进行首家试点，2007 年 8 月通过海关总署等九部委的联合验收，标志着我国首个"综合保税区"正式设立。截至 2016 年 5 月，我国共设有综合保税区 68 个，包括苏州工业园区、天津滨海新区、北京天竺、海南海口、广西凭祥、黑龙江绥芬河、上海浦东机场和江苏昆山等。我国的综合保税区定位于三个方面的功能：保税仓储和展示、国际贸易和出口保税加工。

三　保税物流园区

我国的保税物流园区是"依附"于特定保税区的区域，是在我国加入 WTO 后谋求保税区进一步发展的前提下设立的，是指经国务院批准，在保税区规划面积或者毗邻保税区的特定港区内设立的、专门发展现代物流业的海关特殊监管区域。

我国自 1990 年开始设立保税区以来，虽然经过多年的发展，已经取得了丰硕的成果，但在我国加入 WTO 之后，我国经济越来越融入全球化发展过程，保税区在保税仓储等方面功能不足的问题日益突出。因此，2003 年国务院同意上海外高桥保税区与外高桥港区进行港区联动试点；2004 年又批准在青岛、宁波、大连、张家港、厦门象屿、深圳盐田港、天津 7 个保税区与毗邻港区进行联动试点，设立保税物流园区。截至 2009 年年底，我国共有保税物流园区 6 个，分别是上海外高桥、宁波、厦门象屿、深圳盐田港、天津、福州。

我国保税物流园区的功能主要包括：保税仓储，流通性简单加工和增值服务，进出口贸易，国际采购、分销和配送，国际中转，检测、维修，商品展示等。保税物流园区既享受保税区的相关政策，在进出口税收方面又叠加实行了出口加工区的相关政策，使保税物流园区的政策优势更加明显，有利于促进保税物流园区的功能更好地发挥。

四　出口加工区

出口加工区的概念也有广义和狭义之分。广义的出口加工区内涵较宽泛，涵盖了具有专门为出口产品进行制造加工功能的特殊区域，包括自由贸易区、工业自由区、投资促成区和对外开放区等。狭义的出口加工区是指某一国家或地区为利用外资，发展出口导向工业，扩大对外贸易，以实现开拓国际市场、发展外向型经济的目标，专为制造、加工、装配出口商品而开辟的特殊区域，其产品的全部或大部分供出口。

出口加工区是推动我国加工贸易转型升级的重要载体。2000 年 4 月，国务院正式批准在我国设立出口加工区，并将出口加工区设在已建成的开发区内。2006 年在充分考虑企业实际需求、顺应现代保税加工和保税物流业发展的基础上，批复同意出口加工区开展拓展保税物流功能和开展研发、检测、维修业务试点，并于 2008 年在全国出口加工区推广。截至 2008 年 12 月，我国已经批准设立了 59 个出口加工区。分布在全国 23 个省（直辖市、自治区），形成了以长江三角洲地区为主，以珠江三角洲和环渤海地区为辅，兼顾东北地区和中西部地区中心城市的格局。[①]

我国的出口加工区兼有加工制造功能和保税物流功能。出口加工区内的企业可以从境外或境内采购原材料、零部件、元器件、包装物料等，进行加工装配，制成成品后复运出境。同时，区内物流企业在服务于区内企业的同时，可以开展区外物流配送业务。

五 保税港区

随着经济全球化进程的发展，"港口＋自由贸易区"模式已经成为国际港口竞争的重要制度模式，没有设立自由贸易区的港口面临着越来越多的国际竞争压力。为了使港口的发展更加适应经济全球化的需要，2005 年 6 月，国务院批复设立上海洋山、天津东疆、大连大窑湾、海南洋浦和宁波梅山保税港区。保税港区是指经国务院批准，设立在国家对外开放的口岸港区和与之相连的特定区域，具有口岸、物流、加工等功能的海关特殊监管区域。保税港区综合了保税区、出口加工区、保税物流园区三区合一的政策优惠，是我国非常接近"境内关外"的海关特殊监管区域，在形式上最接近于自由贸易区。截至 2010 年年底，我国共设立了 14 个保税港区。保税港区的功能主要包

---

① 张皖生主编：《海关保税监管》，中国海关出版社 2010 年版，第 108 页。

括：仓储进出口货物和其他未办结海关手续的货物，转口贸易，国际采购、分销和配送，国际中转，商品展示，研发、加工、制造，港口作业，经海关批准的其他业务（赵韬，2011）。

第四节　本书的研究内容及结构安排

一　研究内容

本书首先对国际自由贸易区发展的理论进行了充分研究，在此基础上结合世界自由贸易区及我国保税港区发展的现状，就环东北亚地区特别是日本、韩国的自由贸易区以及我国保税港区的发展进行了比较分析；并基于交易成本与交易效率视角，对我国保税区交易效率进行了测度与检验；然后就保税区对腹地经济的拉动效应进行了分析与效率评价；最后分析了制约我国保税港区发展的因素，并提出了我国保税港区发展的政策建议。

总体而言，本书的研究内容具体如下：

绪论介绍了本书主题的研究背景及意义，其次对国内外现状进行了概括与分析，并界定了较重要的若干相关研究概念，最后概括本书的研究内容、框架及结构安排。

第一章对自由贸易区和保税港区发展的相关理论进行了梳理，包括保税区与自由贸易区建立与发展的相关理论等，本章涉及的相关理论是本书研究内容的重要理论基础。

第二章对世界主要自由贸易区及我国保税港区的发展现状进行了分析，并重点将我国保税港区的发展特点及功能定位与国际自由贸易区进行了国际比较。

第三章立足于环东北亚地区，在分析日本、韩国保税区及自由贸易区历程和现状的基础上，将我国保税港区与日韩自由贸易区的发展进行了比较，重点分析了我国保税区发展存在的问题。

第四章从保税区交易成本与交易效率两个方面对中国保税区交易效率进行了研究，得出了影响交易效率的主要因素，并对交易效率进行了测度与实证检验。

第五章和第六章着重研究保税区对腹地经济的拉动作用。其中第五章采用典型相关分析方法，从经济增长效率、成本节约效应、社会发展效应和技术进步效应四个方面分析了保税区对腹地经济的拉动效应；第六章则采用 DEA 模型，通过科学合理的方法构建输入及输出指标，就2007—2009 年间我国保税区对腹地经济的拉动效率进行了分析与评价。

第七章基于前述各章的研究结果，从功能结构、资金投入和落实力度、地理位置、腹地经济、区域经济等各个方面分析了制约我国保税港区发展的因素，探讨了我国保税区向自由贸易区转型的必要性，并提出了我国保税港区向自由贸易区转型的政策建议。

二 研究框架

本书研究框架如图 0 - 1 所示：

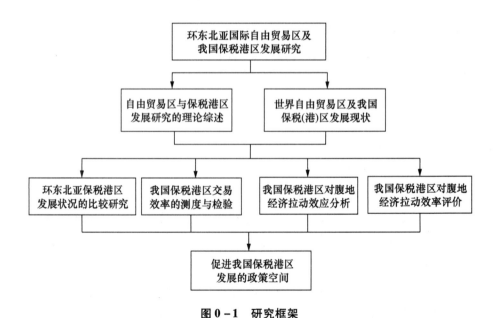

图 0 - 1 研究框架

第一章　自由贸易区与保税港区发展
研究的理论综述

自由贸易区是国际经济一体化的一种基本类型。20 世纪 50 年代，伴随着欧洲经济一体化实践的发展，国际经济一体化理论也发展起来了，传统的理论从贸易创造、贸易转移和规模经济等角度探讨了国际经济一体化的收益。20 世纪末期以来，由于以 WTO 为核心的多边贸易体制进展缓慢，世界经济进入了以自由贸易区为主、多层次自由贸易同时发展的新阶段。本章通过对自由贸易区和保税区的发展理论进行梳理和分析，为本书的研究奠定理论基础。

第一节　国际经济一体化及自由贸易区
发展的主要理论

一　国际经济一体化的内涵

1961 年，美国学者贝拉·巴拉萨（Bela Balassa，1961）在其《经济一体化的理论》一书中做过一个很宽泛的定义："我们建议将经济一体化定义为既是一个过程（a process），又是一种状态（a state of affairs）。"就过程而言，它包括采取种种措施消除各国经济单位之间的歧视；就状态而言，则表现为各国间各种形式的差别的消失。权威的《新帕尔格雷夫经济学大辞典》中"经济一体化"条目就是由巴拉萨撰写的。巴拉萨的这一定义在西方经济界获得了广泛认可，后来许多学者关于经济一体化的解释基本上都围绕着"过程"与"状态"而展开。

彼得·林德特（Peter Lindert）和查尔斯·金德尔伯格（Charles Kindleberger）在《国际经济学》一书中给经济一体化下了定义："通过共同的商品市场、共同的生产要素市场，或两者的结合，达到生产要素价格的均等"，"可以是指宏观经济政策的一体化和生产要素的自由移动以及成员国之间的自由贸易"。

国内学者关于国际经济一体化的定义也有很多。伍贻康和周建平在合著的《区域性国际经济一体化的比较》一书中下了定义：经济一体化是"两个或两个以上国家的产品和生产要素可以无阻碍地流动和经济政策的协调，一体化程度的高低是以产品和生产要素的自由流动的差别或范围大小来衡量的，从而区域性国际经济一体化组织也有不同的形式"。张幼文在《世界经济一体化的历程》一书中的定义是：区域经济一体化简要地说可以表述为"再生产过程各个阶段上国际经济障碍的消除"。①

综合上述中外学者的表述，结合国际经济一体化发展的新态势，本书认为国际经济一体化应该定义为：两个或两个以上的国家或经济体为了实现共赢的经济或战略目标，以政府的名义通过协商谈判签订协议，实现成员间互惠互利、减少或取消贸易壁垒到协调乃至统一经济政策的经济联合的制度性或非制度性安排。在这个过程中，成员间的交易成本不断降低，贸易规模扩大带来贸易收益增加，制度的扩展与普及带来其他方面广泛的收益。

二 自由贸易区是国际经济一体化的基本类型

不同学者根据不同的方法把国际经济一体化划分为不同的类型，最常见的几种划分如表1－1所示。

从上述划分来看，自由贸易区、关税同盟和共同市场三种形式是所有学者都认可的，我国学者出版的教材和学术著作中大多数采纳了巴拉萨和李普西的分类方法。二者的区别仅在于特惠关税制度（成员间的贸易壁垒主要是关税低于区域外的贸易壁垒）是否属于同一基本类型。

---

① 转引自樊莹《国际区域一体化的经济效应》，中国经济出版社2005年版，第16页。

表 1 - 1　　有代表性的经济学家对国际经济一体化类型的划分

经济学家	林德特	巴拉萨	萨尔维托	李普西	阿格拉
类型数量	4	5	5	6	6
类型	自由贸易区 关税同盟 共同市场 全面的经济联盟	自由贸易区 关税同盟 共同市场 经济联盟 完全经济一体化	特惠贸易协定 自由贸易区 关税同盟 共同市场 经济联盟	特惠关税制度 自由贸易区 关税同盟 共同市场 经济联盟 完全经济一体化	单一商品上的经济一体化 自由贸易区 关税同盟 共同市场 全面的经济联盟 完全的政治一体化
出处	《国际经济学》第 11 版 2001 年	《经济一体化理论》 1961 年	《国际经济学》第 8 版	国际一体化：经济联盟论文 1968 年	《欧洲共同体经济学》 1980 年

资料来源：姜文学：《国际经济一体化的新特征与大国战略》，东北财经大学出版社 2009 年版；张玉柯、杨宏玲：《国际经济学》，河北大学出版社 2003 年版；樊莹：《国际区域一体化的经济效应》，中国经济出版社 2005 年版。

特惠贸易协定（Preferential Trade Arrangements，PTA）是指区域内的成员国通过协定或缔结条约，对部分或全部的商品规定特别的关税优惠。这种一体化形式只是部分减免关税，而不是全部免除关税，它是经济一体化最松散的形式。

自由贸易区（Free Trade Area，FTA）是指两个或两个以上的国家或经济体之间通过达成协议，相互取消进口关税和与关税具有同等效力的其他措施而形成的国际经济一体化组织。1994 年 1 月 1 日正式启动的北美自由贸易区就是这种一体化的典型。

自由贸易区的特点是：区域内商品可以自由流动，真正实现了成员国间商品的自由贸易；成员经济体之间没有共同的对外关税；实行严格的原产地原则以避免贸易偏转（是指利用成员国之间的关税差异，从关税最低的国家进口商品以便在其他成员国销售）现象的发生。自由贸易区不仅要求各国继续在边境检察进口货物，而且还需要制定一套详尽完备的原产地原则，以确定某种商品是否符合免税进口的条件，由此所造成的烦琐的文件工作负担也成为自由贸易的很大障碍，还经常由此引发成员之间的争端，美国和加拿大在执行原产地原则时就时有争端发生。

自由贸易区的传统含义是缔约国之间相互取消货物贸易关税和非关税贸易壁垒。近年来，自由贸易区的发展出现了一些新变化，其内容不仅包括货物贸易自由化，而且涉及服务贸易、投资、知识产权保护等更多领域内容，这种广义的自由贸易区又被称为"经济合作协定"（Economic Partnership Agreement，EPA），日本所缔结的自由贸易协定就以 EPA 为主。

RTA 是区域贸易协定（Regional Trade Agreement），是一种具有法律效力、贸易自由化程度较高的区域经济合作形式，其核心是通过取消成员之间的贸易壁垒，创造更多的贸易机会，促进商品、服务、资本、技术和人员的自由流动，实现区内经济的共同发展。区域贸易协定从低级到高级大致有六种形式：特惠贸易安排、自由贸易区、关税同盟、共同市场、经济同盟和政治经济一体化。绝大多数区域贸易协定是自由贸易区，只有欧盟、南方共同市场等少数区域经济一体化组织超越了这个阶段，并在向更高阶段迈进。[①]

20 世纪 80 年代后期以来，自由贸易区尤其是双边自由贸易协定由于其灵活性和针对性日益成为国际经济一体化的主要形式，其数量迅速增长，影响波及全球。根据 WTO 秘书处的统计，截至 2010 年 9 月，向 WTO 通报的区域贸易协定有 288 个，其中 FTA 有 167 个，正在谈判 FTA 有 2 个，FTA 占 RTA 总数的 58.7%。[②] 进入 21 世纪，FTA 数量增长更加迅速。如表 1 - 2 所示，2000—2010 年 9 月，共有 131 个 RTA 通报并生效，其中 FTA 有 118 个，占 RTA 总数的 90.08%。图 1 - 1 显示了 2000—2010 年这 9 月全球 RTA 及 FTA 增长情况。在 2000—2010 年 10 年，有 5 年 FTA 新增数量超过 10 个，

---

① 百度百科，http://baike.baidu.com/subview/1357465/8248499.htm。

② WTO 秘书处，http://rtais.wto.org/ui/publicsummarytable.aspx。

2008 年新增 16 个且全为 FTA 形式（舒榕怀，2000）。

表 1 - 2　　　　2000—2010 年通报并生效的区域贸易协定情况　单位：个、%

年份	签订的 RTA 总数	签订的 FTA 总数	FTA 所占比重
2000	10	8	80.00
2001	11	11	100.00
2002	11	9	81.82
2003	11	9	81.82
2004	11	9	81.82
2005	13	12	92.31
2006	15	15	100.00
2007	10	8	80.00
2008	16	16	100.00
2009	15	13	86.67
2010	8	8	100.00
总计	131	118	90.08

注：2010 年数据截至 2010 年 9 月。

资料来源：根据 WTO 官方网站数据绘制，http：//rtais. wto. org/UI/PublicAllRTAList. aspx。

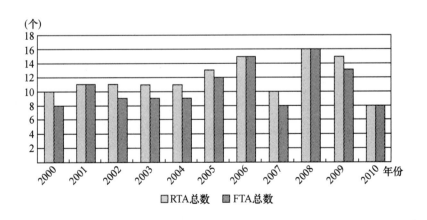

图 1 - 1　2000—2010 年 9 月全球自由贸易协定增长趋势

资料来源：根据 WTO 网站数据整理，http：//rtais. wto. org/UI/PublicMaintainRTAHome. aspx。

自由贸易安排内容也越来越广泛，大多数传统的 FTA 主要涉及货物贸易自由化方面。例如，发展中国家之间及一些发达国家与发展中国家之间根据授权条款组建的双边自由贸易区，只侧重于有限产品的优惠互换，发达国家之间的自由贸易协定也基本以削减关税和限制数量为核心。20 世纪 80 年代后期以来的自由贸易安排，除关税减让外，还包括与贸易有关的任何条款（舒榕怀，2000）。

第二节　建立自由贸易区的相关理论

一　关税同盟理论

对国际经济一体化理论最早进行系统研究的是美国经济学家维纳（J. Viner）提出的关于国际贸易的次优理论，即关税同盟理论。迄今为止，只有关税同盟理论得到较为严密的阐述和发展，因而，关税同盟理论一般被认为是区域经济一体化理论的奠基石，它比较集中地反映了国际经济一体化组织的建立对成员国和非成员国经济福利的影响，适合解释自由贸易区和关税同盟两种类型的区域经济一体化的经济效应。关税同盟的基本特点是对内自由、对外保护，它的建立对成员既会产生静态经济效应，也会产生动态经济效应。

（一）关税同盟的静态效应理论

国际贸易的一般理论认为，自由贸易将带来世界资源的有效利用和福利水平的提高，因此传统观点认为，关税同盟在不增加对世界其他国家贸易壁垒的前提下，成员国贸易壁垒的消除意味着贸易向更加自由化的方向迈进了，因此，既增加了成员国的福利也增加了非成员国的福利。相对于在全世界范围内实现自由贸易的"最优化"情况而言，关税同盟在一定区域内实现自由贸易是一种"次优"的选择。维纳（J. Viner）在 1950 年出版的《关税同盟问题》一书中改变了这一传统认识，他认为，关税同盟在成员国之间实现自由贸易、增加成员国福利的同时，又对非成员国实行差别待遇的保护贸易政策，会带来福利损失，因此，它的建立并不意味着世界福利的净增加，这要取决于贸易创造和贸易转移效果的比较。

维纳提出的贸易创造（trade creation）和贸易转移（trade diversion），是指关税同盟所产生的两种静态效应。后来，许多经济学家对区域经济一体化的分析，都借用了这两个重要概念作为分析和判断问题的基本标准。所谓"贸易创造"，是指成员国之间相互取消关税和非关税壁垒所带来的贸易规模的扩大和福利水平的提高。由于从成员国进口的低成本产品取代了原来本国成本较高的产品，该国就可以把原来的生产成本较高的产品的资源转向到生产其他成本较低的产品上，资源得到了更合理的配置，因而就获得了利益的增加。同时，由于取消关税，本国消费者可以享受较低的价格，也会带来福利的增加。所谓"贸易转移"，是指由于关税同盟是对内自由和对外保护的，建立关税同盟后，成员国之间相互取消关税并建立共同的对外关税，所带来的相互贸易就代替了成员国与非成员国之间的贸易，从而造成贸易方向的转移。贸易转移将给参加国带来福利的损失，降低资源配置效率，世界净福利也会减少。

（二）关税同盟的动态效应理论

贸易创造和贸易转移效应只是一种静态效应的考察，关税同盟理论的最大缺陷就是忽视了关税同盟建立后所产生的动态效应，而在长期中，组成关税同盟还有一些重要的动态效果。金德尔伯格和林德特指出，关税同盟的动态效应主要有规模经济效应、激化竞争效应、投资刺激效应和资源有效配置效应等。在所有这些动态效应中，规模经济效应是关键。经济学家艾尔·阿格拉指出，如果离开了规模经济则（关税同盟成员国）长期受益便是为期十分漫长的事情，而且不能用传统的经济学概念来解释。有时，这种动态效应在某种意义上远比其静态效应更为重要，英国1973年加入欧共体就是因为这些动态效应。以实践为依据的研究表明，这些动态效应比静态效应大5倍至6倍。[1]

首先，关税同盟最大的动态效应是规模经济效应。关税同盟的建立为成员国间产品的相互出口创造了条件，特别是成员国市场变成统

---

① 参见张玉柯、杨宏玲《国际经济学》，河北大学出版社2003年版，第196—199页。

一的市场，突破了单个国内市场的限制，市场范围的迅速扩大促进了企业生产的发展，使有竞争优势的企业达到规模经济效果，从而降低成本，提高企业的生产效率，增强了对非成员国同类企业的竞争能力。在比较优势原则的作用下，成员国之间很有可能通过产品专业化的分工，而实现专业化产品生产的规模经济，从而提高资源配置效率。

其次，关税同盟另一个重要的动态效应是激化竞争效应。组成关税同盟前，许多部门已经形成了国内的垄断，获取着超额垄断利润。垄断者和寡头在贸易壁垒的保护下已经变得懒惰和不思进取。组成关税同盟后各国市场相互开放，企业面临着来自其他成员国同类企业的竞争，各国企业为在竞争中获得有利地位，会不断采用新技术，增加研发投入，改善经营管理，降低成本，在同盟内部营造出一种浓烈的竞争气氛，从而提高经济效率，促进技术进步。

再次，投资刺激效应。这种效应可分为刺激同盟内投资效应和吸引同盟外投资效应两种形式。生产成本高的成员国企业会把工厂转移到生产成本低的成员国，以提高产品竞争力。同时，关税同盟的建立意味着对非成员国产品的排斥。同盟外的国家为抵消这种不利影响，可能会将生产设施转到同盟内的一些国家，以绕过统一的关税和非关税壁垒，这就是所谓的"关税工厂"。美国公司 1955 年和 1986 年两次大规模的对欧洲的投资浪潮，就是因为不愿被迅速发展的欧共体市场排除在外。北美自由贸易区启动后，"亚洲四小龙"的许多对华投资转移到墨西哥也是基于同样的原因。投资刺激效应必然加深成员国之间的分工和专业化程度。

最后，资源有效配置效应。关税同盟的建立可以使经济资源得到更好的利用。就一个关税同盟内部来说，由于关税和非关税壁垒的消除，市场趋于统一，在其范围内的劳动力和资本的自由流动，可以使其经济资源的利用率提高。

关税同盟的建立也可能产生某些负面影响：关税同盟的建立可能促成新的垄断的形成，这种新垄断又会成为技术进步的障碍，除非不断吸纳新成员；资本向投资环境较好的地区流动，可能出现地区经济发展不平衡，这就需要成员国政府及一体化组织用政策加以引导（舒榕怀，2000）。

二　自由贸易区理论

自由贸易区理论是在关税同盟理论框架的基础上，结合自由贸易区不同于关税同盟的基本特征发展而来的，如前所述，自由贸易区有不同于关税同盟的两个显著特征：一是没有共同的对外关税，对于来自区域外的产品，成员保留其各自原有的关税及决定税率的权力；二是实施严格的原产地原则，以使自由贸易区的优惠仅限于区域内的成员。彼得·罗布森（Peter Robson，1980）在其《国际一体化经济学》一书中，最早对自由贸易区的经济效应进行了系统的分析，从而奠定了自由贸易区理论分析的基础，后来的学者在此基础上进一步丰富了该理论。

通过和关税同盟效应的比较可以得出结论：关税同盟的福利效应不如自由贸易区。造成这种结果的根本原因在于，自由贸易区情形中存在间接贸易偏转①，这是自由贸易区的原产地原则所难以阻止的。对于自由贸易区可以采用和关税同盟类似的分析方法，自由贸易区的建立同样也存在贸易创造和贸易转移效应，但两种不同形式的一体化在实践中也存在重要差异，下面本书以彼得·罗布森的研究为基础，对自由贸易区进行理论分析（彼得·罗布森，2001）。

通过自由贸易区静态效应的一国模型和两国模型分析，我们可以得出自由贸易区优于关税同盟的结论。经济一体化不仅有静态效应，还存在动态效应，下面以规模经济效应和竞争促进效应这两种最基本的效应为例，来分析自由贸易区的动态效应。

（一）自由贸易区的规模经济效应

将规模经济引入分析框架是新贸易理论的基本特征，本书分析的规模经济是指内部规模经济，即指单个企业生产规模扩大所引起的平均成本下降、规模收益递增的情形。

---

① 所谓间接贸易偏转，是指一成员国将本国生产的产品出口到另一成员国，用自由贸易区外的产品替代区内产品满足国内市场的情形。

假设 H 国和 P 国的平均成本曲线相同且向右下方倾斜，两国的需求曲线不同，假定 H 国的生产成本高于 P 国，产量低于 P 国，两国都对进口产品征收关税，且包含关税的进口产品价格等于平均成本，从而排除厂商获取高额利润的可能。在这种情况下，若国内不生产这种产品，也就没有关税。

在图 1-2 中，D_H 和 D_P 分别是 H 国和 P 国的需求曲线，两国需求曲线水平相加就是自由贸易区的总需求曲线 D_{H+P}，AC_H 和 AC_P 分别为两国的平均成本曲线，OP_W 是世界市场价格，H 国的关税水平是 $P_W T_H$，P 国的关税水平是 $P_W T_P$，$P_W T_H > P_W T_P$。下面分别讨论两国生产的 3 种可能情况下自由贸易区的规模经济效应。

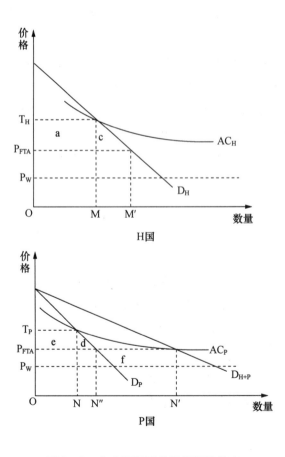

图 1-2　自由贸易区的规模经济效应

1. 两国都生产的情况

假定在建立自由贸易区之前，两国都处于自给自足状态，初始均衡状态下 H 国在 OT_H 价格下生产并消费 OM，P 国在 OT_P 价格下生产并消费 ON，P 国的关税水比 H 国低，且都是禁止性关税。建立自由贸易区后，由于 P 国的成本较低，从而将占领整个自贸区市场，此时生产将完全由 P 国的厂商进行，自由贸易区的总需求曲线与平均成本曲线的交点决定 P 国的总产量为 ON′，均衡价格为 P_{FTA}，既低于 H 国的 OT_H 也低于 OT_P，此时 H 国的消费量增加到 OM′，P 国的消费量增加到 ON″。H 国从 P 国进口较自己生产便宜的商品将产生贸易创造效应，在图 1 - 2 中，矩形区域 a 为生产效应，三角形区域 c 为消费效应，H 国将支付从 P 国进口产品的费用，这是它参加自由贸易区的成本。

P 国由于生产规模扩大，能以较低成本的产品供应本国市场，将产生 Corden（1972）所说的成本降低效应（cost - reduction effect）。该效应也由生产效应（矩形区域 e）和消费效应（三角形区域 d）两个部分组成，同时 P 国还因以高于世界市场价格 P_W 的价格 P_{FTA} 向 H 国出口商品而获得额外的收益，即图中矩形区域 f。在这种情形中，自由贸易区的建立没有影响区域外国家的福利，成员 H 国可能会有所损失，P 国是净获利者。如果 P 国对 H 国进行一定数量的转移支付将使 H 国也成为净获利者，从而形成"双赢"的局面。如果有两种或两种以上产品的生产存在规模经济效应，自由贸易区的成员可以采取协议分工的方式让所有成员都获得规模经济带来的好处，从而提高整个自由贸易区的福利。

2. 一国生产、另一国不生产的情况

如果在建立自由贸易区之前，P 国生产而 H 国不生产，H 国将不对该产品征收关税，此时 H 国国内的价格等于世界市场价格 OP_W。建立自由贸易区后，由于 P 国的产品成本高于 OP_W，将无法向 H 国出口，规模经济效应也就不会在自由贸易区内发生。

如果 H 国对自由贸易区之外的产品征收原定的保护性关税，在自由贸易区内将出现前面分析过的规模经济效应，P 国的情形将与第一个例子一样。但在 H 国由于用价格较高的 P 国产品代替了较廉价的区外的进口，将会发生贸易转移效应，生产者剩余和消费者剩余都会减少。

3. 两国都不生产的情况

如果在建立自由贸易区之前两国都不生产，根据前面的假定，两国就都不征收关税，从而该产品在两国市场的价格都为 OP_W，H 国和 P 国建立自由贸易区之后，规模经济效应也无从谈起。如果两国都对区外产品征收原定的保护性关税，那么自由贸易区内将出现与前两个例子中相同的规模经济效应。P 国廉价来源的进口被较高成本的国内生产所替代，H 国将产生上一种情况所分析的贸易转移效应，廉价的区域外产品的进口被价格较高的 P 国的进口所替代。

在上述后两种情况中，自由贸易区都是通过提高贸易壁垒来获得区内规模经济效应的。在实践中，许多国家和地区都用关税手段对国内某些产业进行保护，即便它们不生产某些产品也有可能对这些产品征收进口关税。这种做法也因为与 WTO 的规则相悖而常常招致批评。

（二）自由贸易区的竞争促进效应

在不完全竞争的市场结构下，贸易自由化不仅会带来基于比较优势的资源配置效应，而还会带来激化竞争的效应，这种效应的存在使得贸易自由化的福利效应大大增加了。建立自由贸易区取消内部贸易障碍，可以把各成员的国内市场整合成一个大市场，成员国同类企业之间竞争的加剧和价格的不断下降，将迫使企业转向大规模生产，大批量专业化生产、新技术的应用和加强研究开发等，最终加快成员国经济发展的步伐。这一效应对市场经济不发达、垄断行业众多的发展中国家可能更为重要。下面借助不完全竞争市场的厂商均衡模型（寡头模型）来对此进行分析，如图 1-3 所示：

假设 H 国存在一个寡头垄断的行业，其产品与进口产品之间具有完全替代性，在寡头垄断市场结构下，H 国国内仅有几家厂商，其面临着一条向下倾斜的需求曲线 D，MR 为边际收益曲线，MC 为边际成本曲线（假定 MC 固定不变），厂商根据 MR = MC 的利润最大化原则

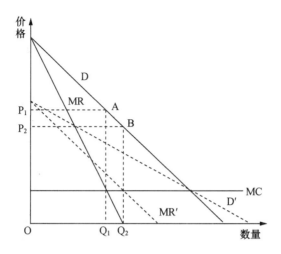

图1-3 自由贸易区的竞争促进效应

来决定价格和产量，均衡点为A，均衡价格和均衡产量分别为P_1和Q_1，此时厂商存在超额利润。两国建立自由贸易区后，厂商面临的需求弹性增大，需求曲线移动至D′，边际收益也随之增加到MR′，自由贸易区的其他成员会争相进入该国市场来分享需求增加所带来的收益，成员国之间竞争加剧，价格开始下降直到超额利润为零，因竞争的增强整个社会的福利最终都会增加。

第三节 有关保税（港）区发展的相关理论

我国保税（港）区的设立是我国改革开放、经济发展的必然产物，与之相关的经济学理论主要涉及比较利益理论、区位理论、增长极理论等。

一 比较利益理论

比较利益理论奠定了国际分工与国际贸易理论的基础，它起源于亚当·斯密的绝对成本理论，而奠基理论则是大卫·李嘉图的比较成本理论。后来，陶西格提出了"货币生产费用"论，赫克歇尔和俄林提出了资源禀赋论，使比较利益理论构成了一个完整的理论体系，它奠定了国际分工和国际贸易理论的基石，成为指导各国开展对外贸易的基本原则。可以说，比较利益理论是出口加工区、保税港区研究的理论基础和政策选择的依据。G. K. 赫勒奈尔（1973）、彼得·G. 沃尔（1989）等均认为低廉的劳动力是资本流向发展中国家和地区的决定性因素，正是因为发达国家与发展中国家悬殊的劳动力成本差异，导致了 20 世纪 60—70 年代国际资本流向中国台湾地区、韩国、菲律宾等国家和地区设立出口加工区。实地调查表明，由于出口加工区的主要业务属于委托加工，低工资的优越性便成为出口加工区继续存在的最重要的条件之一。

二 区位理论

在区位投资理论产生之前，国际直接投资理论大多只立足于投资国的角度。区位理论首次转换了分析角度，从东道国的区位优势出发，研究对外直接投资过程中东道国的行为，从而弥补了国际直接投资理论体系的不足。1953 年，索思阿德提出区位理论，用以研究国内资源的区域配置问题；后来，沃尔特·艾萨德等用此理论来解释对外直接投资现象。此后区位理论在 T. G. 帕里（1976）、邓宁（1977）、T. 霍斯特等的努力下不断修正和发展。区位理论认为，市场的不完整性不仅存在于一个国家市场上，也同样存在于国际市场上。国际市场的不完整性会导致各国之间的市场差异，正是这些差异为准备跨国投资的企业创造了有利的条件。

区位理论从东道国的禀赋出发，一改其过去在国际直接投资过程中的被动局面，通过研究东道国在这一过程中可由自己决定的经济变量，使其由一个单纯的投资接受者转变为有影响力的决策者。法格雷和韦尔（Fagre and Well，1982）通过研究跨国公司得出结论，谈判筹码取决于其技术水平、产品差异化程度、出口占生产的比重、产品品种以及所面临的竞争；出口加工区的谈判筹码则取决于区位优势、后向联系、配套行业和外部经济时的补贴和财政优惠、基础建设和其他区位优势。约翰·R. 麦金太尔等（John R. McIntyre et al.，1996）在《出口加工区对东道国和跨国公司的作用：一种互惠关系》一文中，探讨了出口加工区区位优势与谈判筹码之间的关系。作者证明，当东道国政府提供给跨国公司的一般优惠条件增加时，跨国公司的投资回报率会更高。

区位理论对于指导我国保税区理论研究的重要意义在于：为了充分发挥我国保税区在吸引外资方面的整体优势，可按各保税区之间区位优势的特征进行适当归类，并区分一般区位优势和特殊区位优势，在此基础上重点探寻提升其特殊区位优势的有效途径。

三　增长极理论

增长极理论是由法国经济学家佩鲁在 1950 年首次提出的，该理论被认为是西方区域经济学中经济区域观念的基石，是不平衡发展论的依据之一。增长极理论认为，一个国家要实现平衡发展只是一种理想，在现实中是不可能的，经济增长通常是从一个或数个"增长中心"逐渐向其他部门或地区传导。因此，应选择特定的地理空间作为增长极，以带动经济发展。

在研究出口加工区问题时，必然涉及保税区与区域经济发展的关系。尽管出口加工区并不是严格意义上的增长极，但增长极理论为我们提供了一套分析问题的思路和方法。科登（Corden，1974；1985）认为，在出口加工区的研究中，可以只考虑出口加工区与国内市场之间的关系而忽略国际市场的影响，即所谓"飞地分析法"。这种思想显然运用了增长极理论的分析思路，因而可以看作增长极理论在出口加工区研究领域的扩展与延伸。该"飞地模型"分析了出口加工区内的产业与国内产业之间的前向联系、后向联系和旁侧联系，认为它对国内市场的聚集效应体现在劳动力的聚集、优惠政策和基础设施投入方面，其扩散效应体现在原料、中间产品和资本品的国内采购、直接收入、关联收入及其外部性上。以上对出口加工区的"向心力"和"离心力"分析，理顺了出口加工区与国内市场的关系。此后，藤森英男（1975）、彼得·G. 沃尔（Peter G. Warr，1989）、约翰·R. 麦金太尔等（John R. McIntyre et al.，1996）的实证研究表明，这种理论上的出口加工区扩散效应与现实尚有一定的距离，尤其在国内采购、关联收入和外部性的扩散效应方面相去甚远。

第二章　世界自由贸易区及我国
保税港区发展现状

第一节　世界自由贸易区的发展概况

16 世纪，当葡萄牙航海家麦哲伦率领的船队环游地球一周，接通东西方环球海路、国际互通贸易时，全球化的趋势即已经开始。① 自由贸易区就是顺应世界经济一体化、区域经济一体化、世界市场一体化的历史潮流而出现的。

从自由贸易区的发展历史阶段来看，通常认为，诞生于 1547 年的世界上第一个自由港——意大利热那亚湾的里窝那自由港，是世界上第一个自由贸易区已有 460 多年的历史。以第二次世界大战为"分水岭"，世界自由贸易区 400 多年的发展史可划分为两个阶段：第二次世界大战前，全世界有 26 个国家（或地区）共设置了 75 个不同形式的自由贸易区，其中以美国、法国和德国居多，这一阶段，其发展缓慢，在数量和规模上都十分有限；第二次世界大战后，随着世界经济的发展，国际贸易的规模不断扩大，自由贸易区也如雨后春笋般迅速增长。出口加工区异军突起，为自由贸易区开创了一种全新的模式。1959 年爱尔兰西南部的香农自由贸易区，被认为是世界上第一个出口加工区。20 世纪 70 年代是世界自由贸易区大发展的"黄金时

---

① 张世坤：《保税区向自由贸易区转型的模式研究》，博士学位论文，大连理工大学，2005 年。

代"，这一时期出现了中国台湾地区的高雄、楠梓、台中，菲律宾的巴丹、马坦岛、碧瑶，韩国的马山、里里和新加坡的裕廊等出口加工区。到 20 世纪 80 年代，全世界出口加工区有 80 多个，分别设在 40 多个发展中国家和地区。20 世纪 90 年代至今，随着国际贸易自由化、市场全球化和新经济兴起带来的产业升级，为自由贸易区的发展创造了良好的机会。世界自由贸易区的发展至今仍然保持着继续增长的势头。

当前，自由贸易区的发展已经超越了自然地域的限制，超越了经济发展水平的限制，也超越了社会经济体制的限制。成思危先生根据对世界各国现有自由贸易区的分析，认为自由贸易区大体呈现五个特点，即隔离封闭、境内关外、充分自由、政策优惠、区港结合。为了适应经济全球化的步伐，自由贸易区逐渐呈现出以下几个发展趋势，即数量持续增长、影响逐渐扩大、功能趋向综合、管理不断加强（成思危，2003）。

在世界自由贸易区广泛兴起的背景下，海关合作理事会（世界海关组织的前身）于 1973 年 5 月形成了第一个涉及自由贸易区的国际规范，即《京都公约》（《关于简化和协调海关业务制度的国际公约》），并对其定义为"自由区系指一国的部分领土，在这部分领土内运入的任何货物就进口税及其他各税而言，被视为在关境之外，免于实施惯常的海关监管制度"。[①]

第二节　世界主要自由贸易（港）区发展现状

世界上第一个自由港、第一个自由贸易区和第一个出口加工区都出现在欧洲。德国汉堡港是欧洲自由贸易区的典型。

北美的自由贸易区——工贸结合。美国的自由贸易区称为"对外

---

① 张世坤：《保税区向自由贸易区转型的模式研究》，博士学位论文，大连理工大学，2005 年。

贸易区"，其对外贸易区的设立已有 80 多年的历史。1934 年 6 月，美国国会通过《对外贸易区法案》之后，1936 年在纽约市的布鲁克林建立了美国第一个对外贸易区。到 2001 年，在全国 50 个州当中，过半数已设立对外贸易区，几乎遍及美国主要港口城市，成为全世界自由贸易区最多的国家。

亚洲的自由贸易区——出口加工。亚洲的自由贸易区产生于 20世纪 50 年代以后，主要表现形式为出口加工区。马来西亚设立自由贸易区在不同的阶段采取了不同的形式。槟榔自由贸易区自由港—出口加工区—自由贸易区的曲折历程为发展中国家提供了一个很好的案例。

世界各国发展自由港的目的在于招商引资，促进经济发展，同时也争夺国际枢纽港的地位，以获得信息集成的利益。尽管各个港区总体目标一致，但是功能侧重不同，各具特色。

一 荷兰

荷兰鹿特丹港是以物流转运为主的国际航运中心，是世界上最大的石油中转港和储存港，欧洲大宗物资储存和分配的中心，港口产业已经成为城市的经济支柱。鹿特丹港地处莱茵河的出海口，在莱茵河成为欧洲最繁忙的水运大动脉后，其港口优势才得到充分显示。从1965 年起，几十年来一直是世界首席大港。20 世纪 80 年代中期上升为世界集装箱枢纽港之冠。1987 年后先后被香港、新加坡、高雄等港超越，但仍然是世界级集装箱枢纽港之一。1995 年仅次于新加坡港，位于世界第二。

二 德国

汉堡自由港位于德国第二大城市汉堡，是欧洲仅次于鹿特丹的第二大港。汉堡港经受了多次战争的洗礼，特别是在第二次世界大战中，由于盟军的轰炸，汉堡港几乎被夷为平地，"铁幕"政策下的德国被分成了两个部分，汉堡也失去了其大部分经济腹地。1990 年两德统一后，虽然失去了作为政治中心地位的优势，但由于两德统一和欧盟东扩，汉堡获得了整个欧洲大陆广阔的经济腹地，又重新焕发了生机。

汉堡港的繁荣发展，除具有连接北欧和西欧、进入欧洲大陆的门户的地理优势外，另一个重要因素就是良好的政府管理。在汉堡港的发展历史中，推动汉堡港成为欧洲大陆的出口门户一直是政府政策的中心。为此，政府在汉堡港实行了自由港政策：船只进出港自由，货物加工、运输、仓储、贸易自由等。

三　日本

日本从 1992 年就开始在主要港口设立自由贸易区。码头附近都建有多功能进口货物中心，提供包括配送、加工、展览、销售等一系列服务。近些年来，日本为了扭转港口国际竞争力下降局面，专门修改进出口通关手续，推广港口业务电子化，削减申报文件和申报项目，降低物流成本，实现港口各项业务的便利化和效率化。同时，推出自由贸易港区计划，冲绳、大阪、神户、横滨等城市都相继设立了金融特区、信息特区、促进创业型经济再生特区和大型化工物流中转码头。神户已提出了建设"21 世纪亚洲母港"的战略目标（盛广成，2005）。日本有长崎和新潟两个自由港，从日本的研究资料来看，其长期战略规划是把日本建设成连接东亚和世界其他地区的主要枢纽，而我国除香港外的主要港口将成为其地区性的支线网络的一部分。为此，日本政府在 2002 年制定了"超级航运中心"（Super Hub Ports）的扶持政策，计划在响滩（Hibikinada）和博多（Hakata）等地建立新的自由港，并制定了具体的实施措施：建设高标准的集装箱终端；削减 30% 港口费用；24 小时经营；进口货物运输处理周期缩短到 1 天。日本港口战略专注于发展航运中心，承接国际货运中转。因此，其港口建设以提高港口作业效率和港口仓储、物流、转运功能为主。

四　韩国

韩国在东亚地区处于日本和中国之间，凭借良好的地理位置，承担了中国和日本之间航运中转站的功能。韩国政府也制订了雄心勃勃的计划，要把韩国打造成亚太航运中心，并把仁川国际空港、釜山和光阳两个海港作为这个计划中航运中心的关键节点来运营。

韩国马山港口位于韩国东南沿海的镇海湾内，是韩国南部的主要港口之一。它是一个海湾港，设有出口加工区，是韩国南部的工业中心，港口距机场 70 公里，有定期航班。港区主要码头泊位有 8 个，岸线长 1710 米，最大水深 11 米。本港出口加工区始建于 1970 年，面积 174 万平方米，主要进出口货物为煤、钢材、谷物及杂货等。

在仁川国际空港，韩国政府将其主要功能设计为旅游休闲和知识密集型的研发基地，韩国对仁川市的 3 个地区实行特殊的经济政策，目标就是建立集航运、物流、金融、高新技术为一体的经济特区。釜山提出了"21 世纪环太平洋中心港"的规划，釜山海港被赋予了五个功能：教育研发基地、知识密集型工业基地、商务和居住区、海事处理中心和港口配送中心；光阳海港区则侧重于传统工业基地，包括居住、教育和休闲区、造船工业、钢铁和化工基地、港口运输后勤中心、旅游度假区等各项职能。韩国釜山等港口地区实行的是"区港一体化"的"自由港"政策，再加上光阳、济州等自由贸易区港，将形成开放型经济带，带动经济全面发展。

为了促进这些自由港区的发展，韩国政府制定了一系列措施，包括减免企业所得税、外资公司高级管理人员个人所得税优惠、资本品进口关税保税等一系列税收减免措施，减免土地使用费以为区内企业提供财务支持，简便的土地使用管理措施和劳动雇佣制度管理措施，为外籍员工子女提供了教育、医疗等方面的帮助，甚至允许部分公文用英语处理。

五　中国

（一）台湾

中国台湾于 2003 年提出了建设台湾自由贸易岛的构想，并且已有 5 个自由贸易港区先后营运，形成所谓"四海一空"的格局，即基隆港、台北港、台中港、高雄港、桃园航空 5 个自由贸易港区。从中国台湾地区自由港规划来看，5 个自由港依据各自的不同特点各有侧重。

中国台湾地区的自由港经营模式是在利用现有经济特区功能的基础上充分结合自由港出口加工、科技园区、保税物流、商务营运等的综合功能，为本地区港口参与亚太枢纽港口竞争提供助力。

（二）香港

香港是当今世界上最自由、最开放、功能最多的自由港。英国在占领中国香港的同一年——1841 年，就宣布香港为自由港。发展到今天，香港自由港政策的内容包括四个方面：贸易自由、人员进出自由、企业经营自由、汇兑自由。此外，香港政府还实行积极不干预政策，这也是香港经济发展的指导原则和方针。

自由港作为本国领土范围内的一块特殊经济区域，其地域范围是有限的，因此选择合适的产业发展战略至关重要；不同的产业在厂房条件、运输要求上各不相同，因此相应的港区建设应满足本港区产业发展的需求。虽然发展自由港的最初目的都是促进国内国际经济交流，带动国内经济发展，然而，自由港的成熟发展还会带来国际交通运输节点控制、信息集成和资金聚集的战略利益。

从亚太地区来看，日本的自由港与中国香港自由港发展模式稍有不同。作为全球经济大国，日本国内经济发展遥遥领先于国际化水平，因此日本的自由港在推动国内产业发展方面的作用相对较弱；其根本目的在于争夺亚太航运枢纽港地位。因此，其政策优惠的重点集中在物流和转口贸易上。韩国的自由港和中国台湾自由港的建设则兼顾了产业发展和航运中心地位。因此，在港区规划和政策引导上，日本侧重于港口作业和物流功能建设，韩国和中国台湾地区则在加强建设港口及其运输后勤功能的同时，另外辟出部分土地作为产业发展之用。

第三节　我国保税区与保税港区的发展

一　我国保税区的发展

我国保税区是在改革开放的经济形势下，在 20 世纪 80 年代成功创办经济特区的基础上，借鉴国外自由贸易区的模式设立的，相对于日趋成熟的世界自由贸易区而言，处于发展的初级阶段，是我国的特色产物。

李岚清在 1994 年全国保税区工作座谈会上指出："保税区是我国借鉴国际上通行的做法，如保税仓储和出口加工区等，并在结合我国国情基础上形成的新型经济开放区域。我国建设和发展保税区的根本目标就是要改善我国投资、建设的软环境，特别是利用海关保税的独特条件，最大限度地利用国外资金和技术。发展外向型经济，使保税区真正成为开放型经济新的增长点，带动区域经济的发展。"

在我国，兴建保税区的时间始于 1987 年。1987 年 12 月 25 日，深圳经济特区按照邓小平提出的改革开放的方针，参考国内外设立自由港和自由贸易区的经验，建立沙头角保税工业区。1990 年 2 月 18 日深圳特区又决定设立福田保税区，进一步积累了经验。而国家正式认可的保税区，则始于 1990 年 6 月国务院批准的上海外高桥保税区，上海外高桥保税区的正式设立标志着中国保税区的开发建设工作正式启动，进入全面开发建设时期。1990 年 9 月，国务院批复了《中华人民共和国海关对进出上海外高桥保税区货物、运输工具和个人携带物品的管理办法》，这是我国保税区的第一个海关管理办法。在兴建和初步发展阶段，1991 年 5 月 12 日，国务院批准设立天津港保税区，同年 5 月 28 日，国务院批准设立深圳沙头角保税区和深圳福田保税区。1992 年 5 月到 1993 年 1 月，经国务院批准先后共设立了大连、广州、厦门象屿、张家港、海口、福州、宁波、青岛、汕头 9 个保税区。这段时间保税区发展迅速，很快增至 13 个，接下来速度明显放慢，只在 1996 年批准设立了深圳盐田港和珠海港两个保税区。截至 2016 年 5 月底：海关特殊监管区 128 个，其中保税区 15 个，保税港区 14 个，综合保税区 68 个，出口加工区 30 个，保税物流园区 4 个，以及珠澳跨境工业区和中哈霍尔果斯边境合作中心中方配套区。

我国保税区发展到今天，距第一个实际运作的保税区（沙头角保税区）设立的时间（1987 年）已近 30 年，距离国家正式批准的第一个保税区（上海外高桥保税区）设立的时间（1990 年）也已超过 26 年，距离第一次明确提出保税区发展目标（1994 年）也约为 23 年时间。虽然我国保税区最初定位是仓储、转口和加工贸易，但 1998 年以来,物流分拨成为主要功能,并且取得了长足的发展。

其中 15 个保税区都分布在东部沿海的 9 个省和直辖市,其具体情况见表 2 - 1。

表 2 - 1 　　　　　　　　　我国保税区的基本情况

序号	名称	批准时间	规划面积（平方千米）	所属省份	所属区域
1	上海外高桥保税区	1990 年 6 月	10.00	上海	长江三角洲
2	天津港保税区	1991 年 5 月 12 日	5.00	天津	环渤海地区
3	深圳福田保税区	1991 年 5 月 28 日	1.98	广东	珠江三角洲
4	深圳沙头角保税区	1991 年 5 月 28 日	0.20	广东	珠江三角洲
5	宁波保税区	1991 年 11 月 19 日	2.30	浙江	长江三角洲
6	大连保税区	1992 年 5 月 13 日	1.25	辽宁	环渤海地区
7	广州保税区	1992 年 5 月 13 日	1.40	广东	珠江三角洲
8	厦门象屿保税区	1992 年 10 月 15 日	2.36	福建	东南沿海地区
9	张家港保税区	1992 年 10 月 16 日	4.10	江苏	长江三角洲
10	海口保税区	1992 年 10 月 21 日	1.93	海南	珠江三角洲
11	青岛保税区	1992 年 11 月 19 日	3.80	山东	环渤海地区
12	福州保税区	1992 年 11 月 19 日	1.80	福建	东南沿海地区
13	汕头保税区	1993 年 1 月 11 日	2.34	广东	珠江三角洲
14	珠海保税区	1993 年 11 月 3 日	3.00	广东	珠江三角洲
15	深圳盐田港保税区	1996 年 9 月 27 日	0.85	广东	珠江三角洲

综观我国保税区的发展过程,可以将其大致划分为三个阶段:

(一)1990 年 6 月至 1994 年 6 月为保税区的初始设立阶段

此阶段既是我国保税区的初始设立阶段,也是保税区的筹建试运行阶段。在此期间,我国从设立第一家保税区——上海外高桥保税区开始,在短期内就批准设立了 14 家保税区。但此阶段的保税区还处于一个探索发展阶段,由于没有前期经验可供借鉴,对于保税区的定位、功能结构、发展方向等还不清晰。1994 年,全国保税区工作座谈会在天津召开,时任副总理的李岚清同志在会议上的讲话中对保税区的性质及发展目标进行了阐述。他指出:"保税区是我国借鉴国际上通行的做法,如保税仓储和出口加工区等,并在结合我国国情基础上形成的新型经济开放区域。我国建设和发展保税区的根本目标就是要改善我国投资、建设的软环境，特别是利用海关保税的独特条件，最大限度地利用国外资金、技术、发展外向型经济，使保税区真正成为开放型经济的新增长点，带动区域经济的发展。"① 至此，我国保税区的性质日益清晰，各个保税区的发展也有了可供借鉴的目标。

（二）1994年6月至2001年11月我国加入世界贸易组织（WTO）为稳定发展阶段

在此阶段，我国保税区的发展逐渐进入正轨，处于一个稳定发展时期。此阶段也是邓小平同志南方谈话之后，我国正式确立市场经济体制的初始时期。伴随着我国对外经济交往的不断增多，各地对保税区的需求也在不断加大，客观上也促进了各个保税区的快速发展。

此时期内，我国保税区的全国格局也已基本形成，大致形成了以长江三角洲、珠江三角洲（包括广州、深圳等地的保税区）及环渤海区域三大区域为主体、其他区域保税区为辅的保税区布局。

（三）2001年我国加入WTO以后为转型阶段

我国自2001年正式加入WTO之后，在WTO协议的约束下，各种关税与非关税壁垒逐步减少或解除，保税区的发展也面临着进一步的挑战。集中体现在三个优势弱化方面：（1）政策优势弱化。保税区的发展离不开优惠政策的支持，而在WTO框架下，我国内陆地区在对外经济交往中享受到的政策优惠也在增多，在某些方面已经接近保税区所能享受到的水平，这使保税区所依托的政策优惠空间缩小或消失。（2）保税优势弱化。与区外相比，保税区的一项重要优惠政策即为"保留征税"，即由境外进入保税区的货物免于征收关税等特定税收；而境内进入到保税区内的货物则视同出口，可享受出口退税待遇。而随着加入WTO后我国关税的整体下降，保税这一优惠措施在逐渐弱化，对企业的吸引力在不断下降。（3）出口加工优势弱化。2000年以后，我国先后设立了50余家出口加工区，在政策优惠方面与保税区相差无几，这在很大程度上对保税区形成了挑战，特别是那

① 李岚清：《全国税区工作会议在津召开——李岚清副总理到会讲话》，《中国港口》1994年第4期。

些以出口加工业务为主的保税区而言，对其后续发展产生了较大的影响。在这样的背景下，保税区面临着未来发展方向不确定的挑战和压力。

同时，我国的保税区在设立之时，虽然大部分邻近港口，但却与港口处于区港分离状态——保税区利用不了港口的便利交通条件；港口也利用不了保税区的优惠措施。这样的现实情况也在客观上严重制约了保税区的发展。特别是进入 21 世纪以来，保税物流业务开始快速发展起来，一些保税区开始设立保税物流园区。保税物流园区的发展离不开便捷的港口交通条件，区港分离的现状严重阻碍了保税物流业务的发展。因此，一些保税区开始进行区港联动的尝试，保税港区应运而生。

二　我国保税港区的发展

（一）保税港区简介

保税港区是我国在对外开放新进程中的一种海关特殊监管模式，是我国对外开放理论和实践相结合的重要产物，是中国保税区向国际上通行的自由贸易区转型发展的必经阶段。保税港区是世界自由港在中国的一种特殊表现形式，是"中国化"的自由贸易港，是自由港的雏形。保税港区是基于我国兴建保税区、出口加工区等基础之上，借鉴国际自由港建设经验，并结合国内经济发展水平而设立的。保税港区的建立和发展使我国的经济开放在加入 WTO 的基础上又向前迈了一大步。

保税港区是指经国务院批准，设立在港口作业区和与之相连的特定区域内，具有口岸、加工、物流等功能的特殊经济区，是我国目前自由度仅次于自由贸易区的海关特殊监管区域，也是具有中国特色的自由贸易区的雏形，兼有"港"和"区"的双重特性。

保税港区是海关按照我国国情实际需要、借鉴发达国家海关的先进管理经验、与国际通行做法相衔接、适应跨国公司运作和现代物流发展需要的新兴监管区域，是我国在开放层次、政策优惠、功能定位、区位优势等方面仅次于自由贸易区的、与陆地区域相融合的保税物流监管区域，是沿海乃至内陆城市加快开放的推进器。

保税港区享受保税区、出口加工区相关的税收和外汇管理政策。主要税收政策为：国外货物入港区保税；货物出港区进入国内销售按货物进口的有关规定办理报关手续，并按货物实际状态征税；国内货物入港区视同出口，实行退税；港区内企业之间的货物交易不征增值税和消费税。

保税港区可以开展的业务有：存储进出口货物和其他未办结海关手续的货物；对外贸易，包括国际转口贸易；国际采购、分销和配送；国际中转；检测和售后服务维修；商品展示；研发、加工、制造；港口作业；经海关批准的其他业务。

保税港区与保税区、保税物流园区、出口加工区的功能和政策对比见表2-2。

表2-2 保税港区功能和政策

比较项目	保税港区	综合保税区	保税物流园区	出口加工区
区港关系	区港一体	区港分离	区港之间专用通道	区港分离
税收政策	入区退税	离境退税	入区退税	入区退税
主要功能	物流、加工、贸易、展示、研发、检测、维修、分拨等	物流、加工、贸易、展示	物流、贸易	加工
集装箱业务	中转①、分销、采购、拆拼箱	无	拆拼箱	无
多式联运	直接的海铁联运、水水联运	无	有限水水联运	无

（二）保税港区的建立和发展

2000—2001年，面对我国加入WTO后的严峻挑战，针对全国保税区设立十多年来日益突出的区港分离、境内关内、多头分管等矛盾，青岛保税区审时度势，率先在国家层面上提出中国保税区应该向自由贸易港区转型的战略设想，得到海关总署的高度重视，也得到了朱镕基总理的关注和全国人大常委会副委员长成思危的充分肯定，国家自然科学基金委员会由此设立应急课题，迈出了理论探索至关重要

---

① 中转功能作用：有利于拓展拆拼箱、临港加工、检测维修、信息中介等增值服务，夺回流向日韩的中转箱量，建设东北亚国际航运中心。

的第一步。

2002—2003 年，青岛保税区两次发起并承办了"中国保税区改革和发展高层论坛"，带来了两大理论成果：一是中国保税区应该向自由贸易港区转型在与会各部门及全国各保税区之间达成共识；二是确定了区港联动、保税港区、自由贸易港区的"三步走"战略，明确了保税区向自由贸易港区转型的推进之路。2003 年 12 月国务院批准上海外高桥保税区为第一家开展区港联动的试点。2004 年 8 月，国务院又批准了大连、天津港、青岛、张家港、宁波、厦门象屿、深圳盐田港七家保税区陆续实施，使区港联动逐步向全国推广。

2004—2005 年，全国八个区港联动试点成功批复运营，实现了理论和实践相结合的第一步跨越。2005 年 6 月 22 日，上海洋山保税港区首先获批，标志着中国保税港区正式由理论走向实践，拉开了我国设立保税港区的序幕。上海洋山保税港区的设立，意在帮助上海确立国际航运中心地位，提升长江三角洲乃至整个中国经济的国际参与度。拥有保税港区的洋山港的定位就是世界级的航运中心。2006 年 8 月 31 日，国务院同时批准设立天津东疆保税港区和大连大窑湾保税港区。其中，前者因为规划面积达 10 平方千米成为中国最大的保税港区。天津东疆保税港区是为推进滨海新区开发和开放而设立的，旨在使滨海新区早日建成北方国际航运中心和国际物流中心，从而促使环渤海地区乃至整个中国北方经济的"崛起"。大连大窑湾保税港区则寄托了东北老工业基地振兴和建设东北亚国际航运中心的希望。一方面，大窑湾保税港区的设立有利于促进东北地区大物流的发展，使大连成为东北地区国际物流服务中心。同时，东北地区发展外向型经济，加速产业结构的调整和改造，迫切需要一个具有自由港功能的航运中心发挥物流、资金流和信息流的集散、辐射作用，并占领东北亚地区航运制高点。

2007 年 9 月 24 日，国务院批准设立海南洋浦保税港区，填补了华南保税港区的空白。海南洋浦保税港区作为华南地区尤其是环北部湾区域唯一的保税港区，其定位是：建成环北部湾地区面向东南亚最为开放的航运中心和石油、天然气、化工原料、纸制品、公共货物保税仓储、中转交易的物流中心以及化工下游产品出口加工基地，提升海南在环北部湾区域合作中的地位。2008年2月24日，国务院批准设立宁波梅山保税港区，这是中国第五个保税港区。宁波梅山保税港区位于梅山岛，规划面积7.7平方千米。宁波梅山保税港区的设立，使长三角地区形成了上海洋山和宁波梅山两个保税港区。宁波港已经与上海港形成了错位发展、功能互补、共建国际航运中心的格局，宁波—舟山港一体化又使该地区的竞争力更加提升。两个保税港区将实现宁波港和上海港在功能、体制政策上协同发展，使上海洋山和宁波—舟山港形成双轮驱动效应和双保险机制，提升整个长三角地区的港口国际竞争力、开放竞争力和服务带动力。2008年6月，我国有两个保税港区被国务院批准——广西钦州保税港区和厦门海沧保税港区，成为继上海洋山、天津东疆、大连大窑湾、海南洋浦、宁波梅山保税港区之后的第六个和第七个保税港区。钦州保税港区作为中国西部地区唯一的保税港区，是广西北部湾经济区开放开发的核心平台，将有力地推动北部湾经济区成为区域性国际航运中心和物流中心。厦门海沧保税港区的获批，对做强做大海峡西岸港口群，将厦门港建设成为国际枢纽港，推动对台工作的先行区建设具有重要意义。对拓展海西效应，推进"三通"直航，扩大两岸经贸合作与交流将产生直接影响。

青岛保税港区历经8年的申办过程，最终于2008年9月7日国务院正式批复设立青岛前湾保税港区，这是我国批复建设的第八个保税港区，也是当时唯一按照国家"功能整合、政策叠加"要求，作为我国第一个实现"区（青岛保税区）、园（保税物流园）、港（前湾港）"整合转型升级发展而形成的保税港区。2008年10月18日，国务院下发了《国务院关于同意设立广州南沙保税港区的批复》，这是由国务院批准设立的国内第9个保税港区。广州南沙保税港区位于广州市南沙区龙穴岛的珠江出海口，内河水网四通八达，支线驳船基本可覆盖珠三角主要中小码头以及华南其他内陆港口。南沙保税港区是按照"功能整合、政策叠加"的要求，以保税区、保税物流园区和邻近港口整合转型升级形成的保税港区。南沙保税港区设有码头作业区、物流仓储加工区、港口配套服务区等功能区，规划面积7.06平方千米。广州南沙保税港区的批准设立，将进一步增强广州中心城市的辐射和带动作用，完善广州港的功能并提高其国际竞争力，有利于促进广东省加工贸易的转型升级。深圳前海湾保税港区已于2008年10月18日获国务院正式批复同意设立。2008年11月12日重庆两路寸滩保税港区由国务院批准设立，是国内首个内陆保税港区，也是首个"水港+空港"双功能的保税港区。未来，保税港区还将延伸到联结铁路的集装箱基地。

2008年11月18日，中国唯一的县域口岸保税港区、江苏唯一的保税港区——张家港保税港区，正式获得国务院批复设立。张家港保税港区规划面积4.1平方千米，分为码头作业区、加工区、仓储区、集装箱区、大宗散货区五个区域，将发挥保税仓储、保税加工、国际中转、国际采购、分销和配送，以及研发、检测和售后服务维修功能。作为江苏首家保税港区，张家港保税港区为江苏扩大开放增添了加速引擎，为张家港产业布局提供了全新坐标。张家港保税港区的建设将始终坚持以服务长江流域经济发展为主旨，基本目标是致力于打造以大宗货物为特色的国际散货集散中心、以长江黄金水道为纽带的流域航运中心、以国际采购为重点的国际分拨配送中心，以及以专业交易市场为主体的商品展销中心这"四个中心"。张家港保税港区将实施坚持内外互动、坚持东联西延、坚持错位发展"三大基本战略"，努力放大张家港保税港区的服务拉动效应、产业升级效应和增长极辐射效应。包括：重点推进与其他海关特殊监管区联动，实现区域分工与协调发展；与周边工业园区联动，形成稳定的供需关系，扩大业务量，提高港区辐射效应等。

国务院于2009年9月和2010年5月分别批准设立烟台保税港区和福州保税港区。如今，中国沿海从南至北，几乎经济发展的每一个腹地都有一个保税港区，形成了一个较为完整的保税港区链条。我国"保税港区"的进一步推进就是设立"自由港"。自20世纪80年代我国就不断有人提出设立"自由港"的建议，到保税港区的设立，说明我国在这方面的努力下口岸管理方面已经有了很大的改革和完善。

中国要融入世界经济体系，在国际贸易方面就要借鉴"国际惯例"来实施，今天的口岸环境还不能完全适应我国进出口贸易发展的需要，推进保税港区与设立"自由港"之间只有"一步之遥"了。其主要目标是：成为国际枢纽港；成为国际物流中心；成为国际商展中心。比如，青岛前湾保税港区的未来发展规划为：在国内，立足半岛港口群，服务山东省，辐射沿黄九省区，建成以保税港区为龙头，保税物流中心、出口加工区为枢纽，保税仓库、监管仓库为网点的多元化保税物流、保税加工网络，成为环渤海经济圈"大（大连）青（青岛）天（天津）"支撑格局发展的重要的一极；在国际上，依托区位优势，面向东北亚，初步建成以青岛港为龙头，以日照港、烟台港为两翼，以半岛港口群为基础的东北亚外贸集装箱中转枢纽，培育壮大港航服务、跨国采购、特色研发、服务外包、信息中介等现代服务业集群，成为东北亚国际航运中心、区域性国际物流分拨中心、营运结算中心、期货交割中心、能源资源交易定价中心、特色产业集聚中心，并探索建立中日韩自由贸易区先行试验区。

三 我国保税港区的功能定位

根据《中华人民共和国海关保税港区管理暂行办法》（以下简称《办法》），"保税港区是指经国务院批准，设立在国家对外开放的口岸港区和与之相连的指定区域内，具有口岸、物流、加工等功能的海关特殊监管区域"。[1] 在区域功能上，保税港区将保税区、保税物流园区和出口加工区的功能和港口功能集于一身，政策优惠程度更高。保税港区作为一种新型监管模式，既不同于"港"，也不同于"区"，兼有"港"与"区"的双重特性。[2] 同时《办法》第八条对功能进行了详细规定，具体包括仓储物流，对外贸易，国际采购、分销和配送，国际中转，检验和售后服务维修，商品展示，研发、加工、制造，港口作业等9项功能。

---

① 《中华人民共和国海关保税港区管理暂行办法》第二条，海关总署第164号令，2007年。

② 陈倩：《保税港区运营进入法制化阶段——〈中华人民共和国海关保税港区管理暂行办法〉解读》，《港口经济》2008年第1期。

从保税港区的功能可以看出，保税港区叠加了保税区、出口加工区、保税物流园区和港口的所有功能，它们的功能与政策存在差异（见表 2 - 3）。保税港区的建立不仅是国家打造国际航运中心的战略需要，也是推进海关特殊监管区域整合的有益尝试。

表 2 - 3　　　　　我国海关特殊监管区的功能与政策比较

	综合保税区	出口加工区	保税物流园区	保税港区
设区目的	获取生产利润	获取生产利润	获取商业利润	获取商业和生产利润
主要功能	国际贸易、转口贸易、加工贸易、保税仓储和商品展示	保税加工和保税物流	国际中转、国际配送、国际采购、转口贸易、保税仓储和保税物流	国际中转、转口贸易等9 项功能
通关程序	港口与区域分属两个海关监管，以转关方式实行监管衔接	港口与区域分属两个海关监管，以转关方式实行监管衔接	港口与区域分属两个海关监管，卡口通行涉及两个海关监管	一个海关统一监管，出区监管
出口退税	国内入区货物离境后才能办理退税	国内货物入区退税	国内货物入区退税	国内货物入区视同出口，进入保税港区就可办理退税
集装箱增值业务	无	无	可开展集装箱拆拼箱等增值业务。中转条件有限	国际航线汇集，区内可以开展集装箱拆拼箱、中转等增值业务
多式联运	无	无	间接和有限的河海联运	具备直接的海铁联运、河海联运条件
区域空间	约 10 平方千米	约 2 平方千米	约 1 平方千米	约 10 平方千米

资料来源：中国保税区出口加工区协会网站和洋山保税港区网站，http：//www.cfea. org. cn/jg/ys. asp。

第四节　我国保税港区与自由贸易区的比较

加入世界贸易组织后我国关税水平的降低与各种非关税贸易壁垒

的逐步取消在一定程度上削弱了保税港区的政策优势，这一情况的产生将促使保税港区向开放度更高的形式——自由贸易区方向发展。中国保税港区在建设时参照了自由贸易区的通常做法，因而与自由贸易区有很多相似之处，其本质上属于自由贸易区的范畴，但受当时宏观经济体制以及对外贸易发展水平等因素的影响，保税港区又与国际上通常意义的自由贸易区有所区别。在保税港区向自由贸易区转型的问题研究上，我们有必要将两者进行比较，了解我国保税港区与自由贸易区的相似之处及其差别，从而明确我国保税港区向自由贸易区的转型依据和必要性。

一 保税港区与自由贸易区的相似性

中国保税港区与自由贸易区的相似之处体现在以下几个方面：

（1）保税港区与自由贸易区都是一个国家或地区为发展对外经济在其内部划出的特定区域，居民不可在区内居住，对区内外实行不同的经济政策，并且在区域边界都设置了隔离设施。

（2）与区外相比，保税港区与自由贸易区内均可实现不同程度的自由贸易，在对境内外货物的进出口上不进行进出口配额管理，也无许可证管理，货物可在区内企业之间自由转移，其中进口货物仅限于生产消费。

（3）保税港区与自由贸易区均实行独立的管理体制，并且均拥有独立的法律体系。

（4）保税港区和自由贸易区均实行特殊优惠政策，不仅对进口货物实行关税豁免政策还对区内企业实行税收减免政策，这些相似的政策使两者都具有离岸经济的特征。

（5）保税港区或自由贸易区的货物进入国内地区均按照进口货物的政策进行管理。

二 保税港区与自由贸易区的差异性

（一）设立与管理模式不同

自由贸易区（包括自由贸易港区）是一个具有双重性质的经济区域，它是既独立于一般性质区域而直接受中央政府或地方政府管理的区域，又是一个按经济实体运作的经济区域。在宏观管理方面，设区国通常设有专门的宏观管理机构，负责对全国各地的自由贸易区进行审批、监督、检查和管理。一般而言，发达国家或地区对自由贸易港区的管理相对自由。关于自由贸易港区的具体运营管理，可以归纳为三种管理模式：组织管理模式、行政管理模式和混合管理模式。

根据《中华人民共和国海关保税港区管理暂行办法》，保税港区的设立由省级人民政府向国务院提出申请，由国务院进行审批。同时《办法》规定，"保税港区实行封闭式管理。保税港区与中华人民共和国境内的其他地区之间，应当设置符合海关要求的卡口、围网、视频监控手段以及海关监管所需的其他设施"。[①] 经海关总署会同国务院有关部门验收合格后，保税港区才可以开展有关业务。通过以上比较可以看到，保税港区比自由贸易港区存在更多的政府管制。

（二）海关监管的原则和实施不同

一般而言，自由贸易港区海关监管的原则是：（1）强化进入国内市场货物的卡口监督，严惩走私行为；（2）货物入区备案，区内储存不监管，出区核销；（3）减缓报关手续，实行信息化管理，货物进出方便快捷；（4）免征关税。在海关具体的实施执行中，上述原则可概括为"一线放开，二线管住，区内不干预"。所谓"一线"是指自由贸易区与国境外的通道口。"一线放开"是指境外货物可以不受海关监管自由地进入自由贸易区；自由贸易区内的货物也可以不受海关监管自由地运出自由贸易区。所谓"二线"是指自由贸易区与关境内的通道口。"二线管住"是指货物从自由贸易区进入国内非自由贸易区，或货物从国内非自由贸易区进入自由贸易区时，海关必须依据海关法的规定，征收相应的税收。"区内不干预"指区内的货物可以进行任何形式储存、展览、组装、制造和加工、自由流动和买卖，这些活动无须经过海关批准，只需备案。

中国保税港区对于港区和境外的一线管理自由度较低，监管程度仍较多，效率也较低。《中华人民共和国海关保税港区管理暂行办法》

---

① 《中华人民共和国海关保税港区管理暂行办法》第四条，海关总署第 164 号令，2007 年。

明确规定"海关对保税港区与境外之间进出的货物实行备案制管理",同时,对一线货物仍实行较大批量的海关查验、检验和检疫,在报告手续上完全体现自由便利的原则。因此,保税港区的监管在很大程度上仍是一线、二线和区内三重管理。《办法》还规定:对从境外进入保税港区的货物予以保税,仅对部分生产机器设备等特定货物实行免税。保税货物是未办理纳税手续进口,属于暂时免交,而不是免税。而大部分国际自由贸易港区与境外实行的是完全免税政策。虽然两者只有一字之差,却代表着"质"的不同。

(三)功能定位不同

自由贸易区的主要功能有进出口贸易、转口贸易、仓储、转运、金融服务、商业性简单加工、展览等,有的自由贸易区还从事工业性加工和零售商业。张凤清对自由贸易区的功能、管理体制等进行了总结,并与保税区进行了比较(见表2-4)。中国保税港区的基本功能是发展口岸、物流和加工,缺乏围绕加工制造、物流配送而发展起来的国际金融、口岸运输、涉外法律的贸易及咨询服务业的支撑,生产加工与服务贸易脱节等致使保税港区难以提升功能层次、提高产业附加值。

表2-4 保税区与自由贸易区的差异情况

类别	保税区	自由贸易区
设区目的	通过设立保税区以保税区开放和优惠的政策吸引国外投资,最大限度地利用国外的资金、技术发展外向型经济,以保税区带动周边地区对外经济的发展	通过特殊的管理制度与政策为货物的进出口提供最便利的条件,充分实现货物、投资、人员流动、金融与贸易的自由。通过这种最大限度地提高区域经济开放度的方法来获取全球自由贸易给一国经济带来的好处,提升国家的竞争力
区位选择	全部位于沿海港口附近,但港口不在保税区范围之内。保税区呈"O"字形状,两边连接的都是国内非保税区	大部分位于沿海港口附近,一少部分位于内陆地区。位于沿海港口附近的自由贸易区都将港口纳入区内,而处于内陆地区的自由贸易区也都包括航空港。自由贸易区呈"U"字形状,一边与国外相连一边与国内相连

续表

类别	保税区	自由贸易区
区域功能	主要功能包括国际贸易、保税仓储、出口加工，附属功能包括商品展示、简单商业性加工。随着保税区的发展物流分拨功能也逐渐成为保税区的一大主要功能	由于各国国情不同，各区域贸易区的功能设定略有差异，但基本上以进出口贸易、转口贸易和加工贸易为主，并且有保税仓储、商业服务性简单加工、展示批发等附属功能
管理体制	中央、地方和保税区管委会三个层次的管理，管理线条不明晰，层次重叠	由一国政府直接管理，设专门机构对自由贸易区负责，管理部门权威明确
政策法规	尚未针对保税区制定统一的法律。保税区所执行的法规多为外汇管理局、海关总署等部门的规章与地方政府所指定的管理办法、细则，由于立法部门过多结果导致保税区法律体系难以协调、部分法规内容重叠甚至冲突	先立法再设区，法律体系较为完备；国家级专门机构负责保税区的经济管理与协调工作，管理部门权威，政策稳定
海关监管	以管理保税仓的方法管理保税区，不对保税区实行区域管理而是对每个企业直接管理，企业受限制较多，海关在货物进出保税区时要进行监管	实行"一线放开，二线管住"的监管模式，对自由贸易区实行区域管理。货物在区内的储存过程不受监管，免征关税
自由度	船舶入港需接受海关监管，企业不能都享受进出口贸易权，资金出入受限制，对于投资有专门规定且经营人员入境手续复杂	船舶入港免办海关手续，无关税与非关税贸易壁垒的贸易限制，外汇可自由兑换，投资自由

资料来源：根据张凤清（2002）整理而得。①

综合来看，保税港区与自由贸易区的差异性在设区目的、区位选择、区域功能、自由度、管理体制、政策法规、海关监管、关税与税收等方面均有所体现。

---

① 张凤清：《保税区与自由贸易区的比较》，《港口经济》2002 年第 4 期。

第三章 环东北亚保税（港）区发展
状况的比较研究

第一节 日本保税区及自由贸易区发展情况

一 日本保税区

日本发展保税制度的历史较长，至今已有100多年，已经形成了比较完善的保税体系。国外货物进入国内之前，需得到海关长官的进口许可，接受海关检查并交纳关税和消费税。在得到进口许可之前的货物被视为"国外货物"（Foreign Goods），这些国外货物可以在保税区（Customs Area）中进行贮存、加工、制造、展示、运输等活动。

日本的保税区有五种类型：指定保税区、保税藏置场（即保税仓库）、保税工厂、保税展示场和综合保税区（见表3-1）。

（一）指定保税区（Designated Customs Area）

指定保税区需要经过日本财务大臣批准，由日本各级政府设立。指定保税区一般位于港口或机场附近。货物从国外运来后，在办理通关手续之前，需要临时存放在指定保税区，以简便、迅速地办理报关手续。在指定保税区内，可以进行外国货物的装卸、搬运以及简单的改装与分类，以适应报关需要；不能进行改变货物性质的复杂加工与制造。在指定保税区内存放商品的期限较短，一般不超过1个月。

截至2011年4月，日本的指定保税区共有87家，分布在全国9个税关。

表 3 - 1　　　　　　　　　　日本保税区的种类及主要特点

种类	主要功能	存续时间	设置手续
指定保税区	外国货物的装卸、运输、短期储存	1 个月	财务大臣批准
保税藏置场	外国货物的装卸、运输、储存	2 年（可延长）	税关关长批准
保税工厂	外国货物的加工、制造	2 年（可延长）	税关关长批准
保税展示场	外国货物的展示，如博览会、博物馆等	时间的长短由税关关长视需要确定	税关关长批准
综合保税区	保税藏置场、保税工厂、保税展示场等的综合机能，如中部国际空港等	2 年（可延长）	税关关长批准

（二）保税藏置场（Bonded Storage Location）

保税藏置场在中文中一般称为保税仓库。设置保税藏置场的目的是为了促进中转贸易和过境贸易的发展。在保税藏置场内，货物可以进行装卸货操作、转运，也可以长时期存放，时间长达 2 年，到期后也可以申请延长。在保税藏置场内存放的货物免于征收关税和其他税收。

截至 2011 年 4 月，日本的保税藏置场共有 4882 家，分布在全国9 个税关。

（三）保税工厂

在保税工厂内，可以在保税区状态下对国外原材料进行加工和制造，并出口到国外；若转到国内销售，则视为进口，需要缴纳关税及其他税费。保税工厂的运营期限一般为两年，可依据实际情况申请延长。

截至 2011 年 4 月，日本的保税工厂共有 309 家，分布在全国9 个税关。

（四）保税展示场

保税展示场作为外国商品的展示场地，在保税展示场内，可以进行外国货物的展览，以促进商品交易，对所展览商品免征关税。日本常年存在的保税展示场仅两家，分别是门司税关的国立文化财机构九州国立博物馆和长崎税关的长崎孔子庙中国历代博物馆。另外，根据需要，日本海关通常每年会不定期批准约 20 家。

（五）综合保税区

综合保税区由税关关长批准设立。综合保税区的功能较齐全，包括了保税藏置场、保税工厂及保税展示场等的所有功能，可以对外国货物进行藏置、加工、制造、展览等。在综合保税区内，可以灵活地部署各种设施的不同职能，最大限度地发挥综合保税区的优势。

日本的综合保税区仅有四家，分别是横滨港国际流通中心（横滨税关）、川崎物流中心（横滨税关）、中部国际空港（名古屋税关）及爱媛国际物流枢纽（神户税关）。

二　日本自由贸易区

日本从 1992 年就开始在主要港口设自由贸易区。码头附近都建有多功能进口货物中心，提供包括配送、加工、展览、销售等一系列服务。2009 年，日本主要港口输入额和输出额总体上有所下降（见表 3 - 2）。为了扭转港口国际竞争力下降局面，日本专门修改进出口通关手续，推广港口业务电子化，削减申报文件和申报项目，降低物流成本，实现港口各项业务的便利化和效率化。同时，推出自由贸易港区计划，冲绳、大阪、神户、横滨等城市都相继设立了金融特区、信息特区、促进创业型经济再生特区和大型化工物流中转码头。神户已提出了建设"21 世纪亚洲母港"的战略目标。

表 3 - 2　　　　　2000—2009 年日本主要港口输出额和输入额　单位：千 TEU

港口	2000 年		2005 年		2006 年		2007 年		2008 年		2009 年	
	输出	输入	输出	输入	输出	输入	输出	输入	输出	输入	输出	输入
合计	51654	40938	65657	56949	75246	67344	83931	73136	81018	78955	54171	51499
函馆	6.9	10	13	18	14	15	21	27	21	27	23	13
成田	9833	9412	10637	10925	11964	12169	12888	12498	11209	11367	8297	8492
千叶	817	1886	1134	3158	1271	3809	1466	4056	1693	5159	869	2648
东京	4492	4439	4687	6129	5027	6986	5579	7688	5369	8009	3646	6650
羽田	177	124	3.4	94	16	71	47	169	70	100	101	86

续表

港口	2000 年		2005 年		2006 年		2007 年		2008 年		2009 年	
	输出	输入	输出	输入	输出	输入	输出	输入	输出	输入	输出	输入
川崎	615	1229	1071	1880	1257	2282	1390	2463	1534	3161	1016	1837
横滨	6109	2853	7152	3346	7798	3869	8694	4083	8696	4299	5508	2744
清水	1743	491	2140	672	2255	790	2302	873	1953	857	1198	578
名古屋	6432	2487	8730	3609	10299	4569	11710	5039	11083	5277	6767	3211
四日市	599	712	967	1192	1193	1490	1539	1673	1562	2077	1002	1112
界	149	704	296	1096	371	1386	466	1381	564	1774	306	888
大阪	1600	2428	2520	3407	2943	3881	3402	4342	3490	4131	2677	3269
关西	3424	1944	4040	2608	4481	2867	4836	2949	4634	2820	3605	2336
神户	4109	2023	5164	2454	5746	2675	6222	2999	6108	3073	4240	2247
姬路	117	260	166	229	195	324	231	341	260	503	161	275
德山	176	241	361	542	397	629	469	777	464	865	375	468
门司	366	401	519	492	559	599	577	720	696	748	483	457
长崎	148	34	129	43	209	52	211	56	228	76	248	39
那霸	21	108	66	168	106	196	50	163	74	225	42	139

日本有长崎和新潟两个自由港，从日本的研究资料来看，其长期战略规划是把日本建设成连接东亚和世界其他地区的主要枢纽，而我国除香港外的主要港口将成为其地区性的支线网络的一部分。为此，日本政府在 2002 年制定了"超级航运中心"（Super Hub Ports）的扶持政策，计划在响滩（Hibikinada）和博多（Hakata）等建立新的自由港，并制定了具体的实施措施：建设高标准的集装箱终端；削减30% 港口费用；24 小时经营；进口货物运输处理周期缩短至 1 天。日本港口战略专注于发展航运中心，承接过节货运中转。因此，其港口建设以提高港口作业效率和港口仓储、物流、转运功能为主。

（一）大阪港

大阪港（Osaka，港口缩写为 OSA，港口代码为 JPOSK），是日本的国际贸易港，位于本州南部大阪湾东北岸，大阪港市的西南部，分布在淀川至大河川之间的海河和人工岛陆岸，全港 30 多个公营和企业自营码头，共计有千吨级以上泊位 155 个，码头线总长 22 千米，其中深水泊位 40 多个。

日本的第二大城市——大阪市作为大阪港的依托，是日本的经济、贸易和文化中心；同时，作为日本的历史文化名城，由于濒临濑户内海，大阪自古以来就是古都奈良和京都的门户，也是日本商业和贸易发展最早的地区；由于其运河网发达，又被称为"水都"。

（二）神户港

神户（Kobe，港口缩写为 UKB，港口代码为 IPKOB）是世界第二大港口，日本的第六大城市，日本的 12 个直辖市之一。神户港是日本的大商港，位于大阪湾北岸，东距大阪 9 海里。港区沿海湾分布，由西向东有：兵库码头、高滨码头、新港东码头、港湾工岛码头、摩耶码头等。全港码头线总长 33 千米，千吨级以上泊位 179 个，其中包括集装箱泊位 21 个，万吨级以上泊位 90 多个，最大能停靠 15 万吨级船只。从 20 世纪 80 年代以来，港口货物年总吞吐量都在 1.5 亿吨以上，居日本第一位，但主要是国内物资进出，国外进出仅有 53 万吨；集装箱吞吐 260 万标准箱，位居世界第五，日本第一。

作为一个港口城市，神户位于本州岛的西南部，自然环境优越，气候温暖，四季分明。西枕六甲山，面向大阪湾，距大阪市 30 千米，面积 544 平方千米，人口近 143 万，以港口、人工岛、珍珠、牛肉和时装而闻名。

1867 年，神户被辟为通商口岸，也就是"兵库港"。1889 年设市，成为阪神工业区的重要区，被誉为日本的"西海正门"。20 世纪 50 年代，神户开始兴建现代化码头，"二战"期间遭到破坏，曾被美国控制。1959 年，解除美国对神户港的控制后，港口建设得到进一步发展。1967 年建成摩耶码头，成为日本最早的集装箱码头。

现今，神户港水域面积 73.4 平方千米，码头岸线长 33 千米，呈扇形海面。港口西、北有山脉围绕，西南和东南面筑有防波堤，以防风浪袭击。航道水深 9—12 米，码头泊位 227 个，可同时停泊巨轮 230 多个。中心区包括中央码头、兵库码头、新港码头、摩耶码头、港岛和六甲岛等。其中，港岛和六甲岛均为人工岛。港岛于 1967—

1968 年建成，是日本的第一个人工岛。港岛东西两面共四个码头，岸线长达 7577 米，有 28 个泊位，其中有 12 个是集装箱泊位，是日本最大的集装箱运载基地。六甲岛于 1972—1990 年建成，是日本的第二个人工岛，总面积 5.8 万平方千米，比港岛大 1/3 还多。神户港的北部有 1.5 万吨级泊位 22 个，是集装箱专用码头。整个神户港有 40 多条航线通往世界各地。1987 年入港船只注册总吨位达 2.5 亿吨，居日本各港之首。该港货物年吞吐量达 1.59 亿吨，其中国内占 70% 以上，国外吞吐量不到 30%。也正因如此，神户港在国际贸易中的地位低于横滨港。25 条定期航线同世界上 130 多个国家和地区有贸易往来。1980 年与我国天津港结为姊妹港。

港口的装卸设备有各种岸吊、集装箱吊、门吊、浮吊及跨运车等，其中浮吊最大起重能力达 200 吨。码头最大可停靠 15 万载重吨的船舶，谷物装卸效率每小时可卸 1500 吨。1994 年进港全集装箱船达 4653 艘，集装箱吞吐量达 278 万 TEU，比 1993 年同期增长 3.4%，居世界第六位；货物吞吐量达 1.68 亿吨。主要出口货物有机械、车船、纺织品、钢铁等；进口货物主要有粮谷、原油、棉花、小麦、食品等。

现在，神户已是日本最大的贸易港，也是仅次于荷兰鹿特丹港的世界第二大港，同时是日本最大的集装箱贸易港口和世界十大集装箱港口之一。神户，自古以来就是日本的重要交通枢纽，既是主要的国际贸易中心，又是日本最大的工业中心之一（现为阪神工业区的核心之一），主要工业有运输机械、橡胶、钢铁、食品、电机等（占全市总产值的 1/2 以上）。神户以其优良的全能型停泊设施而闻名，一次可容纳多达 170 只大型船舶，港口配有 35 台货柜起重机，有足够存储大批量货物的能力。同时，作为一个中途停靠港，神户港设有北美航线、中南美航线、欧洲航线等，连接世界上 130 多个国家和地区、500 多个港口的庞大运输网络，在开通航线数量和航运频度方面居于亚洲领先地位。

第二节　韩国保税区及自由贸易区发展情况

一　韩国保税区

韩国保税区是为了有效的货物管理和关税行政的需要，由海关关长指定或特许的场所，用于存放进出口及返送通关的外国物品，以外国物品或部分外国物品作为原材料进行制造、加工及其他类似作业，外国（人）物品展示、使用外国物品的建设工程、外国物品的销售及对进出口物品进行查验。

为了确保保税货物的流通，也为货物能够迅速通关，保税区规定了存储期限。为确保关税债权及维持保税区内的秩序，规定保税区为"货物管理人"、特许保税区为"经营人"，各自对货物的保管负责，货物管理人和经营人需执行规定的海关流程，如在将物品运出或运入保税区时，需进行运出或运入申报；在进行保税作业时，需得到海关关长的批准。此外，还规定有委托经营人或管理人监管货物管理、经营自律管理保税区制度以及关税厅长指定的流程等各种形态的保税区制度。

韩国的保税区分为指定保税区、特许保税区及综合保税区三种类型。

（一）指定保税区

指定保税区是海关关长指定的，属于国家或地方的公共设施、场地及其他设施。指定保税区分两种，一种是指定存放场，另一种是海关验货场。指定存放场是指由海关关长指定的暂时存放通关货物的场所。具体包括海关内仓库、管理机场和港湾的法人经营的仓库等，在这里可以进行物品存放和查验。海关验货场（地）是运进通关物品时进行查验的场所，一般情况下位于机场、港湾内便于进行通关的地方。

（二）特许保税区

特许保税区是指由一般个人申请后经海关关长批准的保税区，特许保税区的种类如下：

（1）保税仓库是保税区最普遍的形式，也是存放即将通关物品的场所。

（2）保税工厂是为了振兴加工贸易或关税行政而设立的场所，在保税状态下进行制造、加工等作业，生产的产品出口到国外或以国内使用为目的。

（3）保税建设场（地）是安装或使用产业设施建设使用的外国物品机械类、设备、配件及施工用装备，在保税状态下完成建设工程后，再进行进口通关的区域。

（4）保税展览场地是在保税状态下，将为了国内召开的博览会、展览会等而运入的外国物品进行安装、展览或使用的地方。

（5）保税销售场（地）是将外国物品销售给出境的旅客或对居住在大韩民国的外交官等免税者的以销售为目的而设立的销售场地。

（三）综合保税区

综合保税区是指综合执行特许保税区的一切功能（保管、制造、加工、建设、展览、销售）的保税区。与指定保税区或特许保税区不同，综合保税区由关税厅长指定，一般企业若希望享受此制度，必须入驻综合保税区，并向海关关长申请综合保税事业场地的设立及经营。

二　韩国自由贸易区

韩国的自由贸易区由商业、工业和能源部长指定，被批准进行自由制造、分销和贸易活动，并且国际贸易法律及韩国海关法的管制较少。韩国有三个自由贸易区：马山、益山和群长。

韩国在东亚地区处于日本和中国之间，凭借良好的地理位置承担了中国和日本之间航运中转站的功能。韩国政府也制订了雄心勃勃的计划，要把韩国打造成亚太航运中心，并把仁川国际空港、釜山和光阳两个海港作为这个计划中的航运中心的关键节点来运营。

韩国马山港口位于韩国东南沿海的镇海湾内，是韩国南部的主要港口之一。它设有出口加工区，是韩国南部的工业中心，港口距机场70千米，有定期航班。港区主要码头泊位有8个，岸线长1710米，最大水深 11 米。本港出口加工区始建于 1970 年，面积 174 万平方米。主要进出口货物为煤、钢材、谷物及杂货等。

在仁川国际空港，韩国政府将其主要功能设计为旅游休闲业和知识密集型产业的研发基地，韩国对仁川市的 3 个地区实行特殊的经济政策，目标就是建立集航运、物流、金融、高新技术为一体的经济特区。釜山提出了"21 世纪环太平洋中心港"的规划，釜山海港被赋予了五个功能：教育研发基地、知识密集型工业基地、商务和居住区、海事处理中心和港口配送中心；光阳海港区则侧重于传统工业基地，包括居住、教育和休闲区、造船工业、钢铁和化工基地、港口运输后勤中心、旅游度假区等各项职能。韩国的釜山等港口地区实行的是"区港一体化"的"自由港"政策，再加上光阳、济州等自由贸易区港，将形成开放型经济带，带动经济全面发展。

为了促进这些自由港区的发展，韩国政府制定了一系列措施，包括减免企业所得税、外资公司高级管理人员个人所得税优惠、资本品进口关税保税等一系列税收减免措施；减免土地使用费从而为区内企业提供财务支持；简便的土地使用管理措施和劳动雇用制度管理措施，为外籍员工子女教育、医疗等提供帮助，甚至允许部分公文用英语处理。

（一）釜山港

釜山港（Busan）位于韩国东南沿海、釜山湾内，东南濒临朝鲜海峡，西临洛东江，与日本对马岛相峙，是韩国最大的港口，也是世界第五大集装箱港口。釜山港始建于 1876 年。在 20 世纪初，由于京釜铁路的通车而迅速发展起来，是韩国海陆空交通的枢纽，又是金融和商业中心，因此在韩国的对外贸易中发挥着重要作用。该港口的工业仅次于首尔，主要有汽车轮胎、纺织、石油加工、化工、机械、木材加工、造船、汽车和食品等。

作为韩国的最大商港，釜山港北至蔚山 40 海里，浦相 60 海里，东南至北九州 120 海里，西南至丽水港 100 海里。港区分布在釜山湾西北岸，沿海岸自西南向东北分布有 10 座码头，码头线总长 8681 米，泊位 60 多个，位居世界第六，货物吞吐量和集装箱数量都位居韩国第一。釜山港附近又是韩国最发达的工业区，该区的原材料进口及工业产品出口使港口吞吐量迅速增加，特别是集装箱装卸，20世纪90年代又有更大发展，为世界所瞩目。

釜山港的装卸设备齐全，有各种岸吊、可移式吊、门吊、集装箱吊、浮吊、装船机、皮带输送机等，其中，浮吊最大起重能力达100吨，拖船的功率最大达2354千瓦。煤的装卸效率为600吨/时，杂货的装卸效率为1000吨/天。韩国海上进出口货物几乎全部由釜山港进出，年增长率为2%，该港的集装箱码头有大型龙门式集装箱装卸桥，码头面积达63万平方米，集装箱堆场面积达38万平方米，可同时为4艘5万载重吨的大型集装箱船进行装卸作业，能承接各种船舶修理，最大的船坞可容纳15万载重吨的船舶。这里每年停靠约2000艘集装箱船，无论是700—800TEU型船，还是3000TEU型船。2015年集装箱吞吐量达1946.7万TEU，同比增长5.48%。主要出口工业机械、电子、纺织品等，进口原油、焦炭、原糖、原木、煤、粮食等。表3-3为2015年鉴山港的基本情况。

表3-3　　　　　　　　2015年釜山港基本情况

项目	数量
入港船舶艘数	35039 艘
入港船舶总吨数	2 亿 1706 万吨
出口运出货物量	8206 万吨
进口运入货物量	6410 万吨
集装箱货物数量（出口）	4699 万吨
集装箱货物数量（进口）	4663 万吨
船舶上下人数	—
渡船输送台数	—
渡船上下人数	113 万人
出口额	
进口额	

面对中国大连、天津等地廉价劳动力成本的威胁，釜山港中转货量明显下跌，例如 2008 年 7 月单月中转箱录得 489819 箱，急跌

11.5%，全港口集装箱录得 340 万箱，比 2007 年同期净跌了 12%，竞争力同中国大连、天津相比较弱，全球经济低迷使得釜山港货物吞吐量增长趋势放缓。提高釜山港的港口竞争力迫在眉睫，是左右韩国未来的重大问题。为此，韩国斥资 242 亿港元（折合 2.9 万亿韩元），以争夺中国北方腹地资源。2015 年，韩国集装箱吞吐量为 2562.6 万标准箱（TEU），同比增长 3.3%，其中釜山港同比增长 4.0%，为1946.7 万 TEU，釜山港货物转运量为 1010.4 万 TEU，自开港以来首次突破 1000 万 TEU（见图 3 −1）。

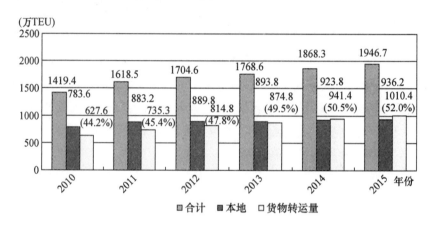

图 3 −1　2010—2015 年釜山港的集装箱货运量

资料来源：http：//www. busanpa. com/chi/Contents. do？mCode = MN0041。

（二）光阳港

光阳港（Kwangyang）位于釜山市南部、韩国最南端沿海丽水地区，是韩国的第二大集装箱港口。它和釜山旧港区一同成为亚洲的中心港。光阳港拥有受南海暖流影响的良好气象条件和水深 20 米的天然航道，共有 33 座设计总船台，其中 12 座正处于运营当中。16—18米的水深，可以接纳 8000—10000TEU 级大型货船。港口周围的山岭和岛屿形成天然防波堤，无须耗资巨大的人工防波堤，可保持恒温水域，确保了大型集装箱运货船的出入港，港口还设有引导出入港船舶安全航海所需的指挥设施，与 PORT − MIS 和 VIS 系统相连，交换港口运营信息。到 2015 年，光阳港已开通 71 班航班，125 条航线。由于其港口基础设施投资低廉，竞争力要相较其他港口更强。

光阳港水深6—23米（见表3-4），与内陆地区有四通八达的公路连接，此外还有海运和航空运输，也有物流经营者必需的免税区。为了扩大其经济发展能力，光阳港采取了一系列招商措施，诸如全免码头使用费、减收集装箱往返装卸费、取消集装箱税、免费延长进口商的货物存放期等。费用的降低，对于远洋集装箱运输船公司来说，具有相当大的诱惑力，其成本要远低于其他港口。例如，挂靠光阳港的一艘运载1500标准箱的船舶的靠岸费、入港费、进出拖轮费和货物费总共是210052元人民币，而如果改在釜山港挂靠和装卸，享受同样港口服务项目则需支付386266元人民币①，由此可见，光阳港在这一方面的优势要远远强于釜山港。

对于光阳港的发展过程可以详细地参考中国港口网对光阳港的介绍，现截取如下内容：从地缘政治学角度看，光阳港处于东北亚的中心，位于连接亚洲—北美—欧洲的主航道上，从而确保了港口的中心性和中继性。光阳港工业园区占地6.6平方千米，可以开发成自由关税区，不仅可以促进装卸、运输、中转等物流相关事业的发展，也将加速金融、保险、贸易和营销等相关支援企业的入驻。

为了最大限度地发挥物流系统的效率，光阳集装箱码头采用了自动化的最新设施与装备，以保证船公司的航行定时性，为货主提供安全的货物管理与快速准确的货物进出港口服务。为了有效经营港口，它建立了EDI系统、PortMis通信网，具备了将物流、贸易、通关、金融连在一起的物流综合信息网，同时，通过与海外信息通信网的联系，建立起全球网络。在第三阶段（2002—2011年），将引进最尖端的图像处理系统（Image Processing System）方式的关口设施，可以利用摄像影像捕捉出口货物，并把它转换成进出口信息，与预先输入的信息进行比较。特别是4个50000吨级泊位，可以自动处理超过12000TEU型的大型船舶。光阳集装箱码头利用上述尖端港口设施、装备以及经营系统，提供了快速准确的服务，在与其他港口的竞争中

---

① 资料来源：http：//www．port．org．cn/info/200708/105067．htm。

处于领先地位。例如，光阳港在港内码头设置有一台集装箱处置记录系统，监督和统计港内集装箱搬运车每小时在船舶停泊期间的搬运效率。记录结果是每小时102辆，生产效率达到韩国港口第一（釜山港是每小时80辆）。

表3-4　　　　　　　　　　光阳港的各码头具体情况

码头	长度（米）	深度（米）	靠泊能力（载重吨）	节数船台	货物
韩国电力公社的河东港口	270	18.5	160000	2	煤炭
浦项制铁的品码头	280	14.0	50000×1	NO.1	钢铁产品
	720	12.0	30000×3	NO.2-NO.4	
	240	11.0	20000×1	NO.5	
	633	7.0	5000×5	NO.6—NO.10	
浦项制铁的全天候九龙仓	107	7.0	3500×1	NO.11	钢铁产品
浦项制铁的滚装码头	140	14.0	8000×1	NO.1	钢铁产品
	240	12.0	30000×1	NO.2	
浦项制铁的原料码头	260	15.0	30000×1	NO.1	原料
	370	21.5	200000×1	NO.2	
	400	21.5	250000×1	NO.3	
	400	22.5	250000×1	NO.4	
	370	20.0	200000×1	NO.5	
浦项制铁的废料码头	270	14.0	50000×1	—	废钢
浦项制铁的CTS码头	262.5	12.0	30000×1	—	渣
光阳集装箱码头	1400	15.0	50000×4	NO.1—NO.4	集装箱
NAKPO码头	120	6.7	3000×1	NO.1	化工（液体）
	420	9.4	20000×2	NO.2—NO.3	石膏、化工、尿素
	270	14.0	50000×1	NO.4	尿素、拖把、氨
	240	12.6	50000×1	NO.5	盐、化工（液体）
煤炭码头	185	7.4	15000×1	NO.1	煤炭
萨伯码头	319	15.7	100000×1	NO.1	集装箱、石脑油
	285	16.5	100000×1	NO.2	集装箱、液化石油气、盐、石油化工

资料来源：http://www.uniprosmarine.com/port/port-kwangyang.htm。

韩国光阳港国际集装箱码头 1987 年开始建设。第一阶段为 4 个 5 万吨级泊位工程，于 1997 年 12 月 5 日竣工，每年吞吐能力可达 96 万标准箱。1995 年起施工的第二阶段工程，于 2001 年完成 4 个泊位，2003 年又完工 4 个泊位。分别在 2006 年和 2011 年完工的第三和第四阶段工程，将会拥有 24 个集装箱船泊位。到那时，光阳港的年吞吐量可以达到 528 万标准箱以上，大约占到韩国港口集装箱年吞吐量的 28%。预计总耗费 2443 亿元，码头长度达 7900 米，联网公路长达 26500 米，港内铁路为 2500 米，疏浚航道为 4900 万立方米，靠岸能力为 20 个 5 万吨级的泊位和 4 个 2 万吨级的泊位；装卸能力达到 528 万标准箱。

除了优越的自然、地理、地势条件，光阳港还有优越的经济腹地环境。光阳港与粗钢生产居世界第一的光阳钢铁厂、栗村产业园区和大规模利川石油化学园区连接，构成一个强有力的产业带，形成了有机的相互协作体系。同时，借助其优越的交通网，光阳港将作为东北亚货物的中继及中转货物据点，发挥重要的作用。光阳港的各个码头集装箱处理量的具体情况见表 3 - 4。2010—2015 年光阳港的集装箱处理情况见图 3 - 2。2015 年光阳港同韩国其他港口的对比情况见表 3 - 5。

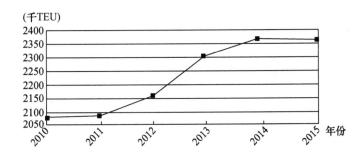

图 3 - 2　光阳港 2010—2015 年集装箱处理情况

资料来源：http：//eng. yeosu. mof. go. kr/。

表3-5　　　　　　2015年光阳港同韩国其他港口的对比情况　　单位：千TEU

港口	排序	2015年	比重（%）	较上年增长（%）
釜山	1	19467.0	75.97	4.20
仁川	2	2377.0	9.28	1.80
光阳	3	2327.3	9.08	-0.47
其他	4	1454.7	5.68	0.25
总计	—	25626.0	100.00	3.30

资料来源：http://www.icpa.or.kr/chn/index.do。

第三节　我国保税港区与日韩自由贸易区发展的比较

与日韩自由贸易区相比，我国的保税港区向自由贸易区转型还存在许多差距。

一　立法

韩国在1949年即颁布实施了《海关法》（Customs Act），是海关管理的基本法律。《海关法》由11章243条组成，包括总则、估价和税收、运输设备、保税区、海关运输、海关清算、海关当局、刑事规定、调查与处理等内容。海关关税税率作为"海关法"的附件。进入20世纪70年代以后，随着国际贸易区发展，韩国的自由贸易区也发展起来。为了规范韩国自由贸易区的状况，韩国当局于1970年颁布实施了《建立出口自由区的法案》（The Act on the Establishment of Export Free Zones），其后历经多次修改，并于2005年更名为《指定和管理自由贸易区法》（The Act on the Designation and Management of Free Trade Zones）。对自由贸易区的设立、运营、企业入驻、管理等均进行了详细规定与说明。

日本保税区遵循"先立法、后设区"的原则，保税区的法律经过了多年的演变与改进。1954年，日本制定《关税法》，对之前针对保税区实行的法律《借库规则》《保税仓库法》《海关仓库法》《仓库法》及《保税工厂法》予以统一、修正。《关税法》对日本海关管辖的各方面事宜均做出详细的法律规定。其中，第 37 条、第 42 条、第 56 条、第 62 条第 2 款、第 62 条第 8 款分别对指定保税区、保税仓库、保税工厂、保税展示场及综合保税区等不同类型的保税区做出了不同的规定。

我国的《海关法》于 1987 年颁布实施，并曾多次进行修订，但仅有若干条涉及保税制度的情况，具体到保税区的运作与规范管理的内容较少。关于保税区管理的具体法律法规仅有《中华人民共和国海关保税港区管理暂行办法》和《中华人民共和国海关对保税物流园区的管理办法》等办法，还没有形成法律，缺乏全国层面可操作性的保税港区运行法律，这是我国保税港区发展面临的一个非常迫切的问题。

二 申请与设立程序

日本保税区申请比较简单，处理审核时间相对较短，如果条件符合，一般在一个月内即可获得批复。指定保税区由于属于公共设施，申请需得到日本财务大臣的批准。许可保税区则只需向所在地所属的日本海关关税申请，得到税关关长的批准即可。日本将全境分为九大税关，每一税关都具有批准保税区申请的权力。日本保税区的监管实行收费制。申请保税区的公司每月按面积大小向各税关交纳管理费。由于日本保税区数量众多，且分布相对分散，税关监管人员无法对其进行日常监管。因此，保税区的日常监管以各保税区自行监管为主，税关监管人员每年进行一两次不定期抽查。如发现违反规定的行为会依据相关法律进行处罚，严重的甚至将被撤销保税区资格。

我国的保税区更多的是一种政府行为，其设立程序与资格要求更多地体现了政府主导的色彩。

三 规模和数量

随着我国经济的发展，对外贸易量加大，无论是沿海地区还是内陆地区，对保税区都有着迫切的需求。与日本和韩国相比，我国的保税港区类型较单一，且规模小，数量较少，多分布于沿海地区。从性质上看，我国的保税港区与日韩的综合保税区相似，虽然功能上相对齐全，但仍难以满足我国经济主体的客观需要。特别是我国的保税港区目前主要集中设立于沿海地区，难以满足内陆及边境地区的需要。

第四节　我国保税港区现存问题及成因分析

我国保税港区发展时间不长，其存在的诸多问题和成因与保税区类似。

一　立法滞后，法律体系不健全

我国保税区的发展并没有按照国际经验先立法再设区，而是在设区之后在实践中根据需要建立相应的法律体系。虽然经过 20 多年的发展我国保税区在法制建设上已取得不少成就，但仍存在立法滞后、法律体系不健全的问题。首先，我国尚未针对保税区制定全国统一的法律。我国保税区所执行的法规多为外汇管理局、海关总署等部门的规章与地方性管理办法、细则。其次，我国保税区的立法层次不一。现在，我国与保税区相关的法律有 48 种，其中由国家直属部门颁布的有 11 种，由省级部门颁布的有 23 种，由市级政府或保税区管委会颁布的有 14 种。最后，立法部门过多导致保税区法律体系难以协调、部分法规内容重叠甚至冲突。不健全的法律体系不仅使区内企业的权益难以得到全面保障，而且还会增加企业的交易成本，不只影响保税区投资环境的整体优化，还会影响到保税区今后的长远发展。

我国保税区在设立之初带有很强的实验性质，当时我国经济特区的发展也才刚刚起步，国家开放经济条件下的法律体系建设本就存在滞后问题，而作为比经济特区开放程度更高的保税区在法律体系的建设上更是毫无经验可循，各监管部门对保税区的性质界定也存在一定差异，在这种情况下我国中央政府却并未对保税区进行统一立法，结果导致我国保税区立法滞后、法律体系不健全。此外，我国保税区与国际上的自由贸易区有所不同，所以在国际上也无现成经验可以借鉴，因而我国保税区法律体系的建设只能在实践中不断总结、逐渐完善。

二　缺乏专门管理机构，部门政策不协调

对保税区的设立具有审批权的是我国中央政府，但我国中央政府

并不对保税区进行统一管理，也没有设立专门管理机构对保税区进行管理。我国保税区由各地方政府及其所设立的保税区管委会进行管理，在实际运营中还要受到国家海关部门、外汇管理部门、财政部、工商行政管理部门等部门的多头管理，管理线条不明晰，层次重叠，这一部门原本行使的权力往往被另一部门收回。这种管理权限界定不明晰所导致的弊端还体现为部门政策不协调，如税务部门与外经贸部门在保税区的出口退税与经贸政策上的不一致使货物出入保税区时在报关和出口退税上难以操作，制约了区内企业对国产原料的采购，增加了企业的采购成本。由于缺乏专门管理机构和部门政策不协调，我国保税区的行政效率一直较低；行政成本偏高，也大大降低了我国保税区的运作效率。

这一问题产生的原因在于我国对保税区发展的宏观管理体制不完善。我国设立保税区后，一直没有从宏观层面上对保税区的整体建设与发展进行统一的规划、指导和协调，而其他部门也一直无人牵头对保税区进行统一管理，最后造成我国保税区的多头管理和政策不协调的混乱局面，我国保税区的建设一直是由地方政府进行。由于发展时间短又缺乏指导，地方政府的管理部门对保税区的认识存在一定不足甚至误区。因此，在国家相关部门的多头管理情况下，当遇到政策不一致的时候，保税区的地方管理部门往往左右摇摆。这种局面不利于保税区政策的稳定性，容易影响外商对保税区长期投资的信心，我国中央政府应加快对保税区发展问题的宏观研究，完善保税区宏观管理体制，对保税区的整体建设与发展进行统一的规划、指导和协调，早日打破这种多头管理、政策不协调的混乱局面。

三 保税区与港口分离，物流功能难以拓展

随着我国保税区不断建设与发展，物流分拨已成为其主要拓展的功能。保税区物流分拨功能与港口优势相结合将增强货物及资金的集聚和扩散能力，为物流业带来规模效益并降低企业管理运输成本。国际上的自由贸易区均是一头连接国内非贸易区，一头连接出海口及港口。然而，我国保税区虽然都依港而建，但并未与港口直接相连。由于这一原因，我国保税区不能形成对内封闭、对外开放的区域，所以

国外的货物不能直接进入保税区，而需要先经过海关检验才能够进入保税区，手续烦琐，货物运送不畅。这在很大程度上妨碍了保税区物流业的发展，也影响了保税区物流分拨功能的进一步拓展，削弱了保税区与港口经济的联动与促进作用。

设立保税区时期，我国对外经济发展水平较低，进出口货物运量较小，并且受计划经济体制思想影响，我国的仓储、贸易、运输等业务多是由本单位完成，很少交由第三方进行，因而物流业未被当作一个产业而受到重视。考虑到港口在其他方面发挥的更多作用，我国保税区与港口被人为地分离，最后形成了现在保税区依港而建而不与港口直接相连的状况。

四 政策优势逐渐弱化，发展后劲不足

保税政策是我国保税区的核心优势，然而随着我国加入世界贸易组织，我国的关税总体水平已大幅降低，因此我国保税区的政策优势逐渐弱化。此外，保税区的贸易自由度优势也逐渐被弱化，其原因在于加入世界贸易组织后我国在对外贸易上的非关税壁垒减少，这意味着在享受其他成员国给予的这种权力的同时，我国也要承担逐步取消配额、许可证等贸易壁垒的义务，也就是保税区内与区外的自由贸易度差距将会变小。同时，世界贸易组织的国民待遇原则要求我国对国内外实行统一的国民待遇和外贸政策，因此，保税区的特殊优惠政策如税收优惠政策将被逐步取消。总之，加入世界贸易组织后这些政策的变化降低了保税区对外商的吸引力，保税区的发展后劲严重不足。不过正是这些问题的产生促使了我国保税区向更高级别的形式——自由贸易区发展。

从以上分析中能够看出，保税区政策优势弱化、发展后劲不足除了由于我国加入世界贸易组织带来的影响，也是由于我国保税区在发展上过度依赖政策所致，这说明我国保税区纯粹因自身的建设与发展而对外商形成的吸引力有限，在政策优势基础上的功能拓展、业务拓展进展缓慢。虽然这些问题多是由保税区本身的性质所决定，但这些问题带给我们的反思对今后保税区的进一步发展仍然具有重要意义。

第四章　我国保税港区交易效率的测度与检验

第一节　交易成本与交易效率

一　交易成本理论

交易效率与交易成本（transaction cost）密切相关。事实上，交易效率从交易成本理论起源，与交易成本具有反向关系。因此，梳理有关交易成本理论是深刻理解、把握交易效率的内涵以及构建交易效率指标体系的重要基础。

交易成本是新制度经济学的核心概念，主流新古典经济学与新制度经济学在理论前提假定的根本分歧就是市场交换是否存在正的交易成本。但对于交易成本的概念，新制度经济学家们却众说纷纭，难以统一。科斯（Coase，1937）在其经典论文《企业的性质》中指出，在经济社会的资源配置过程中，运用市场价格机制有成本存在。当通过市场的交易成本过高，则分工后的协调工作应转为企业组织内部的管理方式，因此导致低交易成本的厂商出现。后来，科斯（Coase，1960）在《社会成本问题》中，指出人们在市场经济中为了完成一项市场交易，首先要寻找发现交易对象，告诉对方自己想要交易和明确的交易条件。接下来双方要进行谈判、沟通。然后双方要拟定合约、进行监督以保证双方能够履行合约的条款。在科斯看来，交易成本是使用价格机制的成本，特别是发现价格、谈判、签约、监督的成本。另外，科斯还通过对生产要素的分析论证指出，交易成本的大小取决于产权的安排。对于长期而言,产权是一国经济发展的关键因素。科斯虽然最早发现交易成本,但并未明确提出这一概念。阿罗(Arrow,1969)给交易成本下了一个广泛而简略的定义,认为交易成本是经济系统的运行成本,因为市场机制的不完全,使交易运作产生了成本。随后,许多经济学家给出了对交易成本的理解和定义。

诺斯(North,1991)认为,交易成本是基于交换时,契约制定与执行契约的成本。威廉姆森(Williamson,1981)则认为,交易成本是当交易行为发生时,人们为了完成交易必须要收集信息、谈判交易条件和监督对方履行合约的条款所花费的成本。Brazel(1988)提出,交易成本是权力的获取、保护及转让所需要的成本。汪丁丁(1992)认为,交易成本可分解为解决信息问题和激励问题引起的成本,而解决信息问题带来的成本是根本的交易成本。杨小凯等(1998)认为,交易成本是争夺分工好处引起的成本。他在论述市场均衡问题时指出,如果交易效率很低,分工的好处会完全被交易成本所抵消,人们会选择自给自足;如果交易效率很高,则分工的好处将大于交易成本,人们会选择分工。

张五常(Cheung,1999)在《新帕尔格雷夫经济大词典》中这样定义交易费用:"广义而言,交易成本是指那些在鲁滨孙·克鲁梭(一人世界的)经济中不能想象的一切成本。"这个定义是一个最广义的交易成本,仅仅说明了哪些成本不是交易成本,而没有说明哪些成本是交易成本。因此,就广义的交易成本而言,交易成本也可称为制度成本(institutional cost)。

关于交易成本的产生,诺斯(1990)曾给出了以下解释:"随着经济发展,商品、劳务或任何人的表现都有许多特性,这些特性的大小在每种商品或个人身上均不同。因此,判断每一交易单位中各项特性大小所需的'信息成本'(information cost)是交易成本产生的根源。交易双方往往由于'信息不对称'(asymmetries of information)使得交易成本提高。这样的不对称性带给制度研究与经济理论非常重要的意义。"

综上可以看到,交易成本是一个宽泛的、定义尚未统一的概念,由此从概念内涵来说也就更加无法直接运用于实证研究。另外，Margaret（2001）指出，交易成本在很大程度上与国家制度、经济体制、文化传统、人们的生活方式等存在内在联系，而且这些因素很难直接量化，因此阻碍了经济学家对交易成本的直接度量。

二　交易成本测度的文献回顾

有关交易成本测度的研究文献可以分为两大类：一类是宏观层面的度量，即在既定的制度环境下对经济体交易成本总量或交易部门所占比重的估计；另一类是通过估计一国具体交易活动的交易价格来比较不同国家交易成本的大小，此类研究属于交易成本微观层面的测度研究。

威利斯和诺斯（Willis and North，1986）估计了美国经济中透过市场产生的交易成本（包括银行业、保险业、金融业、批发零售业，或按职业分类），发现美国经济中通过市场产生的交易成本占 GDP 的比重从 1870 年的 25% 上升到 1970 年的 45%。这表明，经济发展和收入水平越高，交易部门的比重会越大。交易部门比重上升的原因可能是：（1）劳动分工与专业化程度的不断加深；（2）厂商规模不断扩大；（3）政府部门的扩张。国外其他关于交易成本的直接测度文献均采用了威利斯与诺斯的方法，并得到了与他们相同的结论。

国内学者缪仁炳、陈志昂（2002）在威利斯和诺斯交易成本测算框架的基础上，进一步探讨了交易费用（成本）的结构，根据中国国民经济统计资料，建立了中国交易费用（成本）测算框架，对中国1978—2000 年国民经济中的交易费用（成本）进行了测度，并就中国交易费用（成本）与经济增长的关系及其特点进行了研究和说明。金玉国、张伟（2005）测度了 1991—2002 年中国的外在性交易费用（成本）。笪风媛（2009）利用结构方程模型构建了中国非市场交易费用体系的多指标多原因模型，间接测度了中国 1978—2007 年非市场交易费用的总量及其变化情况。

另一类对微观层次的交易成本的测度研究主要体现在四个方面：（1）比较不同国家对创办新企业等带来的交易成本；（2）比较不同国家完成同一笔这件商品交易的交易费用；（3）度量单个行业的交易成本；

（4）针对某项具体政策所引致的交易费用。Djankov 等（Djankov et al.，2002）通过研究发现，在 85 个不同的国家或地区创办一个新企业，经过的政府审批程序、等待政府批准的时间和所花费的成本大不相同，管制越多的国家，需要的时间和费用越高。贝纳姆·A. 和贝纳姆·L.（1998，2004）使用交换成本（the cost of exchange）的概念比较了不同国家安装商业电话、转让资产所有权以及进口大型掘土机曲轴相关的交换费用。结果显示，1989 年秘鲁进口大型掘土机曲轴所花费的货币价格是美国所花费货币价格的 4 倍，等候时间是美国等候时间的 280 多倍；阿根廷所花费的货币价格是美国的 2 倍，等候时间是美国等候时间的 30 倍。

但一些经济学家也对威利斯和诺斯（1986）的研究进行了批评和质疑。王宁（Ning Wang，2003）认为，威利斯和诺斯以分工和专业化发展导致的宏观交易部门规模的扩大来衡量交易成本的有效性值得商榷，因为在市场竞争环境中，企业或个人会尽可能追求交易成本最小化（Niehans，1987）；并且，威利斯和诺斯没有根本解决生产成本与交易成本的划分问题，他们所度量的交易成本仅仅是交易部门流通于市场的那部分。因此，一些经济学者提出了利用交易效率与交易成本的反向关系，从交易效率的视角来间接衡量一国或地区的交易成本的方法。

第二节　交易效率：一个衡量交易成本的新视角

一　交易效率的含义

"交易效率"（transaction efficiency）一词最早由新兴古典经济学家杨小凯于 1999 年和 2000 年提出。但这一思想很早就体现在古典经济学有关"运输效率"或"运输成本"的论述中。

斯密在《国民财富的性质和原因的决定》一书中阐述了运输效率对经济发展和产业分工的重要性。斯密指出，水运运输开拓了比陆地

运输更为广阔的市场空间，在人类经济发展史中，产业的分工调整大
都起因于运输便利的沿海沿河地带。如果在城市间除了陆地运输，没
有其他交通工具，那么只有那些价格较高而体积、重量不大的商品可
以从一个城市运往另外一个城市。这样，因运输工具的缺乏或运输效
率的低下将会导致城市商业活动空间变小，产业分工调整速度放缓，
从而经济发展受限（亚当·斯密，1972）。

　　德国经济学家杜能在其著作《孤立国农业和国民经济的关系》中
也对运输费用作了经典论述。他举例称：一般载重量为 2400 磅马拉
货车，马匹到达目的地所消耗的草料大约为 150 磅，所以每辆车的实
际载谷能力为 2250 磅（2400 − 150 = 2250）。由于运输费用（马匹的
消耗可视为运输费用）的影响，一般来说，城市的近郊应该种植那些
体积、重量较大的产品。这样的产品如果从远地供应，显然不划算。
再就是近郊也应该种植对新鲜度要求较高的产品，如果这些产品从远
地供应，则产品会因长距离运输而腐烂。离城市远的地方应该种植较
低运输费用的产品。所以，城市周围将形成一些界限比较分明的种植
（产业）区域，每个区域内将生产各自的主要产品。杜能的论述表明，
运输费用对人类的商业市场活动有着重要的影响（杜能，1986）。

　　到了新古典经济学时代，运输成本的说法逐渐被主流经济学所遗
弃。这是因为新古典经济学假定市场结构为完全竞争，如果存在运输
成本，自然地理条件的不同意味着企业支付不同的成本，在客观上会
由区位优势导致企业的垄断地位。这明显与完全竞争的假定相悖。此
后，在阿罗—德布鲁一般均衡模型以及"空间不可能定理"之后，运
输成本的说法便在主流经济学中失去了其应有的地位。

　　1980 年以来，新地理经济学（New Economic Geography）的兴起
把被主流经济学长期忽略的空间因素纳入一般均衡理论的分析框架
中，运输费用问题又重新回到主流经济学之中。1979 年，克鲁格曼在
其《收益递增、垄断竞争与国际贸易》的论文中，通过把 D—S 模型
拓展应用到国际贸易领域，构建了新贸易理论。1980 年克鲁格曼又发
表了《规模经济、产品差异和贸易模式》一文，进一步引入运输成本
因素进行分析。他使用"冰山运输成本"（萨缪尔森，1952）的概

念，用严谨的数理方法讨论了"本地市场效应"。由于规模报酬递增和运输成本的存在，企业会聚集在大市场区进行生产以实现规模经济和低成本运输，并且企业聚集规模的发展速度会超越市场规模扩大的速度。

杨小凯 1988 年正式提出了交易效率的概念。他将交易效率定义为完成一笔交易所需要的时间或单位时间内完成交易的次数。杨小凯举例称：若购买 1 单位（元）的产品，买者因为交易成本的存在仅能得到 k 单位（元）的产品。这时 1—k 单位（元）可称该笔交易的交易成本，k 单位（元）称为该笔交易的交易效率。在新兴古典经济学中，交易效率不仅与运输技术、基础设施相关，更强调政府制度、法律法规、产权保护对交易效率的影响。

本书使用杨小凯对交易效率的定义，把市场中所有交易或业务活动统称为交易活动，并用"交易效率"作为分析评价中国保税区的一个新视角。具体而言，交易效率可用单位时间内完成同质交易活动的次数或者完成单笔交易活动的平均时间消耗来衡量。比如，Hernando de Soto（1989）的研究发现，设立同一个小型纺织品公司所花费的时间在秘鲁首都利马为 289 天，而在美国佛罗里达州西部港市坦帕只需要 2 小时。

二 影响交易效率的主要因素

基于新制度经济学理论和相关研究文献，可将影响交易效率的主要因素分为以下几个方面。

（一）政府、政府治理、产权制度和法律法规对交易成本有重大影响力，关乎经济社会的效率与发展

诺斯（1984）的研究曾强调，政府的地位为"第三方强制力"（third - party enforcement），它的存在对这个社会交易成本的大小影响巨大。诺斯（1990）在分析经济发展史时指出，停滞性通货膨胀（stagflation）和发展中国家低水平发展的原因是政府无法提供有效、低成本的契约执行能力。政府对经济增长的作用巨大，但政府又是造成经济衰退的来源。威利斯和诺斯（1986）也特别指出，政府在降低交易成本上发挥着主要作用，尤其体现在建立基础设施、提供教育机会以及制定国家法律法规等方面。Reynolds（1983）认为，政府组织

与政府的管理能力是一个国家长期经济增长的最重要的解释变量。奥尔森（Olson，1996）则认为，经济发展不仅取决于一国在不同时期拟定的经济政策，更重要的是取决于国家拥有能够执行契约的法律系统（legal system）、政治结构（political structure）和宪法（constitution）等。发展中国家的经济表现证实了奥尔森的观点。大部分发展中国家的政府普遍缺乏健全的政府制度，决策过程粗糙、执行力不够，导致政府效率低下，经济发展难有起色。阿尔钦（Alchian，1949；1959）认为，产权制度是对资源的占有、使用权转移所制定的法律法规，有效的产权安排可以解决"搭便车"（free rider）行为。张五常（2000，2008）认为，完整的产权是一种权利，包括使用权、收益权和转让权。对产权进行明确的界定有助于减少"有限理性"①（bounded rationality）与"投机主义行为"②（opportunistic behavior），从而降低交易成本与未来的不确定性。周其仁（2009）在分析中国经济增长的基础时指出，虽然中国拥有巨大的劳动力优势③，但丰富和廉价的劳动力优势不能直接转化为产品的竞争优势。中国经济增长的基础和奇迹就是中国通过改革开放建立了市场经济制度，极大地降低了经济制度的运行成本，降低了各类企业的交易成本，使中国得以在全球的经济舞台上发挥自己的综合成本竞争优势。

（二）信息通信科技与交易效率

信息通信科技的发展使信息的传播更为迅速，减少信息不对称和环境的不确定性，从而促进交易成本的下降和交易效率的提高。Nicol（1985）指出，信息通信科技的投入将大幅改善企业的信息交流、收

---

① 有限理性是经济学家西蒙（Simon，1961）的观点，他认为人类虽然希望达到理性决策，但因受到自身认知能力、精神、生理、语言等因素的限制，当面对大量信息和复杂问题时，只能做到有限理性的决策。

② 威廉姆森（Williamson，1975）认为，投机主义行为是一种追求私利的狡诈行为，包括各种主动、被动、故意扭曲信息与撒谎欺骗行为；投机主义会造成道德风险（moral hazard），投机者在交易中获利，另一方蒙受损失，导致交易成本上升。

③ 2002 年美国劳动统计局出版了巴尼斯特（Banister）撰写的一份评论，指出 2002 年中国总体制造业的平均每小时工资只有 0.57 美元，仅相当于同年美国、日本和欧洲的 3%，相当于新兴工业经济体的 10%，或墨西哥和巴西工人的 25%。该评论的结论是：中国显然享有工资水平显著低于全球其他国家的优势。

集和分配的能力，从而促进企业的运作效率。同时，信息通信科技所提供的信息网络与沟通方式能降低交易成本。总之，信息通信技术与电子商务可明显降低签约前的信息成本和契约中的订约成本。同时，交易方式的变化也使远距离、非人格化交易成为可能。

（三）地理区位、基础设施与交通运输技术能降低交易成本，提高交易效率

经济学家很早就注意到区位条件、基础设施与运输技术与经济发展的关联。斯密认为分工是经济增长的源泉，分工受限于市场范围，市场范围取决于运输条件。1999 年，经济学家盖洛普、萨克斯和梅林杰（Gallup，Sachs and Mellinger，1999）通过系统研究发现，世界各国的人均收入与地理因素高度相关。

除了地理区位条件，基础设施、交通运输技术的改善亦能开拓新的市场，降低企业生产成本，节约交易费用，促进一国或地区经济增长。张军（2006）的研究表明：改革开放以来，尤其是 1990 年之后，中国的基础设施水平和基础设施的投资模式发生了巨大的变化，地方政府在基础设施的投资上扮演了非常重要的角色。良好的基础设施支撑了中国的直接投资和经济增长。

（四）教育科技水平、文化程度、识字率提高可极大降低交易成本，提高交易效率，促进经济社会发展

著名教育经济学家埃里克汉森在其专著《埃尔伯达的教育财政》中指出：教育提高生产过程中的劳动有效性；通过受教育者的言传身教，它还影响合作者的效率；教育通常会促进创新的传播，推动研究和技术进步。教育培养了受教育者的基本认知和专业技能，极大地提升了受教育者对信息的理解、诠释和选择能力，使受教育者更有效地运用信息。素绮艾根（2001）指出，一个国家或地区人们的识字率（literacy rate）对于个人能否有效参与经济活动相当重要，对降低交易成本有明显的影响。另外，高识字率也可降低交易者对契约理解的偏差，使达成协议的时间缩短，从而提高交易效率。低识字率将会导致交易双方制定契约的困难程度增加，甚至交易无法达成。由此可见，识字率是降低交易成本的最基础要素，而识字率的提升依赖教育

的普及。

三　交易效率的组成层面

基于对交易效率含义、影响因素的深刻理解，一些经济学者构建了交易效率指标体系对一国或地区的交易效率进行了测度。大部分研究结论显示，交易效率指数与国家或地区的经济增长之间存在着较为显著的正相关，交易成本或交易效率水平在很大程度上决定着一国或地区的经济发展状况。

我国台湾学者陈若宁（2002）利用1995年的跨国数据，论证了资讯通信科技与人力资本这两个影响交易效率的层面对生产力与经济发展有显著的正面影响。钟富国（2003）对交易成本的影响因素作了深入的理论探讨，采用因素分析法萃取了交易效率的组成层面，利用1997年与2000年的数据对中国大陆、港澳地区和台湾地区的交易效率进行了比较。结果显示：香港的交易效率最高，台湾次之，中国大陆地区最低；并且交易效率指数与国家或地区的人均国内生产总值、国外直接投资均正相关。这说明交易效率的高低对经济发展确有不可忽视的重要性。

方晋（2004）使用产权保护指数代表交易效率，利用100多个国家的跨期数据，通过面板数据的估计方法，发现交易效率确实与一个国家的贸易依存度存在显著的正相关。

赵红军（2005）借鉴了钟富国的方法，把制度、通信基础设施和教育作为交易效率指标的组成部分，运用因素分析法衡量了1997—2002年中国的平均交易效率，并检验了其与经济发展之间的关系。结论表明，中国东部沿海地区的交易效率明显高于中部、西部地区。但由于数据的可获得性，作者没有分年度度量中国的交易效率。[①]

高帆（2007）通过区分技术型交易费用和制度型交易费用，构建了一个综合交易效率指数，测度了2001年80个国家或地区的交易效

---

① 赵红等：《交易效果：衡量一国交易成本的新视角——来自中国数据的检验》，《上海经济研究》2005年第11期；赵红军：《交易效率、城市化与经济发展——一个城市化经济学分析框架及其在中国的应用》，博士学位论文，复旦大学，2005年。

率状况。实证结果显示：综合交易效率指数与国家或地区的人均 GDP 正相关，综合交易效率的提高或交易费用降低可以在很大程度上促进分工演进和经济增长。

综合以上研究文献，考虑到中国保税港区发展建设的特殊性，本书将保税港区交易效率指标组成表示为图 4 - 1。

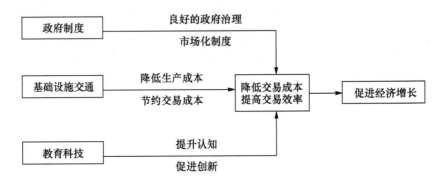

图 4 - 1　保税港区交易效率指标

第三节　中国保税港区交易效率的测度与实证检验

由于中国保税港区建设发展较晚，分布数量在各省（直辖市）不同，并且保税港区自身相关数据资料有限，所以直接对国内各个保税港区某一年度的交易效率进行分析还不现实。因此，本书选择 9 个有代表性的保税区，对其 2005—2007 年的数据进行平均处理，以测度这一段时间内交易效率的总体水平。

一　指标的选取

根据前面"交易效率指标体系组成层面"和现有各类统计资料和保税区的实际数据收集情况，我们从以下几个方面选取保税区交易效率指数：

第一，政府治理和产权制度。选取政府对企业的干预程度、信贷

资金分配市场化、劳动力流动性、对生产者合法权益的保护水平这 4
个指标。市场经济正常运转需要一个廉洁、高效、运作透明的政府。
因此，政府对企业和市场干预越少，市场的运行效率和企业间的交易
效率就越高。在我国的经济环境中，民营企业和国有企业面临实际上
不同的银行贷款条件，国有大银行对民营经济体的信贷支持存在较为
严重的歧视。为了反映金融市场化以及资源配置情况，我们选取信贷
资金分配市场化指标。劳动力流动性是反映劳动力市场发育程度的一
个重要指标。我们采用外来农村劳动力占当地城镇从业人员的比重来
反映劳动力流动性。一个地区的劳动力流动性越大反映了这个地区劳
动力市场发展越成熟，对提高交易效率有正面影响。在政府对商品市
场的影响中，生产者的合法权益受到有效的保护是市场正常运行的必
要条件。考虑到数据的可能性，我们选取的这 4 个指标是保税区所在
省（直辖市）的得分，省级的数据反映了保税区所处的大环境下的政
府管制水平。

　　第二，在基础设施、交通影响因素中，考虑到对保税区建设发展
的特殊作用，选取港口的货物吞吐量。

　　第三，在科技教育的影响因素中，选取保税区所在省的发明专利
数和所在省每十万人口高等学校平均在校生数。

　　为了更准确地反映各个保税区的交易效率水平、消除偶发因素导
致的年度异常波动，我们对所有选取的数据进行处理，用 2005—2007
年平均数代替年值。由于所选数据包含省级数据，为了比较的有效
性，选取 9 个不同省（直辖市）的保税区进行比较。数据如表 4－1
所示。

二　对交易效率的测度与比较

　　考虑到保税区交易效率的组成要素涉及政府治理、基础设施、交
通科技教育等层面，并且这几个层面又涉及很多因素。因此，关键问
题是如何从这些指标中提取出一些能代表保税区这一经济体的交易效
率水平的指标。基于统计学原理，在这里我们使用主成分分析的方法
对交易效率指标进行处理，得到各个保税区综合的交易效率得分，进
而比较各个保税区经济发展水平和交易效率水平。所谓的主成分分析，

表4-1   2005—2007年保税区平均交易效率指标

保税区	所在省/直辖市发明专利数（项）	港口货物吞吐量（万吨）	每十万人口高等学校在校生数（人）	政府对企业的干预程度	信贷资金分配市场化	劳动力流动性	对生产者合法权益的保护水平
上海外高桥保税区	2633.33	46861.33	4120.11	11.16	9.89	5.40	8.25
天津港保税区	964.67	26925.00	4513.57	6.72	6.73	2.99	4.70
深圳保税区	2677.00	5462.00	1590.38	12.09	11.46	10.99	5.66
大连保税区	1075.00	19805.67	2339.15	6.48	9.06	3.31	3.80
厦门保税区	296.00	7430.00	1623.57	9.11	10.99	16.51	5.05
张家港保税区	1697.33	10079.33	2286.03	9.99	11.32	6.44	6.51
海口保税区	42.00	2206.00	1369.62	4.93	11.06	2.09	2.32
青岛保税区	1143.33	22531.67	1775.08	4.49	10.30	6.14	4.61
宁波保税区	1582.33	38868.00	2082.35	9.79	12.66	14.37	6.70

资料来源：历年《中国统计年鉴》，樊纲、王小鲁、朱恒鹏（2010）①。

就是指从多个指标中选取少数几个隐含因素的一种统计分析方法。主要目的是进行数据或变量化简，即以最少的信息损失为代价将众多的观测变量浓缩为少数几个因素，从而化简问题，发现事物的内在联系。

具体步骤为：

首先，对原始数据进行预处理。由于选取的各项指标中已经存在经过处理的指标（包括政府对企业的干预程度、信贷资金分配市场化、劳动力流动性、对生产者合法权益的保护程度），以及未经处理的绝对数指标（即发明专利数、港口货物吞吐量和每十万人口高等学校平均在校生数），为保证结果的可靠性，对绝对数指标发明专利数和港口货物吞吐量进行取自然对数处理（见表4-2）。

---

① 樊纲、王小鲁、朱恒鹏：《中国市场化指数——各地区市场化相对进程2009报告》，经济科学出版社2010年版。

表 4－2 预处理后的保税区平均交易效率指标数据

保税区名称	所在省/直辖市发明专利数（项）	港口货物吞吐量（万吨）	每十万人口高等学校平均在校生数（人）	政府对企业的干预程度	信贷资金分配市场化	劳动力流动性	对生产者合法权益的保护水平
上海外高桥保税区	7.88	10.75	8.323635	11.16	9.89	5.40	8.25
天津港保税区	6.87	10.20	8.414843	6.72	6.73	2.99	4.70
深圳保税区	7.89	8.61	7.371726	12.09	11.46	10.99	5.66
大连保税区	6.98	9.89	7.757541	6.48	9.06	3.31	3.80
厦门保税区	5.69	8.91	7.392379	9.11	10.99	16.51	5.05
张家港保税区	7.44	9.22	7.734574	9.99	11.32	6.44	6.51
海口保税区	3.74	7.70	7.222289	4.93	11.06	2.09	2.32
青岛保税区	7.04	10.02	7.481601	4.49	10.30	6.14	4.61
宁波保税区	7.37	10.57	7.64125	9.79	12.66	14.37	6.70

其次，进行 KMO 抽样适当性参数（Kaiser‐Meyer‐Olkin Measure of Sampling Adequacy）检验和巴特莱特球形检验（Bartlett's Test of Sphericity）。前者衡量的是这些指标变量之间的偏相关性，该值大于0.5 就较为适合进行主成分分析。后者衡量的是这些相关矩阵是否是单位阵，若拒绝该假设则说明这些指标变量之间的确存在相关关系。这两个参数检验皆通过，则说明这些指标变量间存在共同因素，适合进行主成分分析，否则不适合进行主成分分析。

最后，通过了参数检验之后，提取主成分，进行主成分得分计算，并得到交易效率综合得分。之后对交易效率主成分进行数据规格（scale）转换，使之分布在 0—10 范围内。

最后分析交易效率在各个保税区之间的差异情况，与现实情形对照，初步判断分析的有效性。

（一）对交易效率的主成分分析

经过统计软件 SPSS 17.0 得到的分析结果如表 4－3 所示。

表4-3   KMO 检验和巴特莱特球形检验

KMO 检验	0.543	
巴特莱特球形检验	近似卡方	42.089
	自由度	21
	显著性水平	0.004

由表4-3可见，KMO 值高于0.5，通过检验。巴特莱特球形检验也达到1%的显著性水平要求。这表明我们选择的代表保税区交易效率的6个变量具有共同因素存在，适合进行主成分分析。

由表4-4可见，选择提取主成分的条件为特征值大于1，则表4-4中6个代表保税区交易效率的指标可提取两个主成分，这两个主成分对6个交易效率变量的累积贡献率为82.269%，说明两个主成分对原变量的解释程度达到82.269%。因此，运用提取出来的主成分替代原变量在很大程度上与原变量具有相同的解释力。因子载荷矩阵如表4-5所示。

表4-4   解释的总方差

主成分	初始特征值			提取平方和载入			旋转平方和载入		
	特征值	解释的方差/(%)	累积解释的方差/(%)	特征值	解释的方差/(%)	累积解释的方差/(%)	特征值	解释的方差/(%)	累积解释的方差/(%)
1	3.293	47.046	47.046	3.293	47.046	47.046	3.271	46.732	46.732
2	2.466	35.222	82.269	2.466	35.222	82.269	2.488	35.537	82.269
3	0.539	7.693	89.962						
4	0.377	5.379	95.341						
5	0.277	3.961	99.302						
6	0.040	0.568	99.870						
7	0.009	0.130	100.000						

表 4 - 5 因子载荷矩阵

指标	主成分	
	1	2
所在省发明专利数（x_1）	0.894	- 0.019
港口货物吞吐量（x_2）	0.777	- 0.398
每十万人口高等学校平均在校生数（x_3）	0.647	- 0.709
政府对企业的干预程度（x_4）	0.713	0.525
信贷资金分配市场化（x_5）	- 0.024	0.919
劳动力流动性（x_6）	0.291	0.799
对生产者合法权益的保护水平（x_7）	0.937	0.214

第一主成分、第二主成分的表达式为：

$$F_1 = 0.894x_1 + 0.777x_2 + 0.647x_3 + 0.713x_4 - 0.024x_5 + 0.291x_6 + 0.937x_7$$

$$F_2 = - 0.019x_1 - 0.398x_2 - 0.709x_3 + 0.525x_4 + 0.919x_5 + 0.799x_6 + 0.214x_7$$

由表 4 - 5 可见，第一主成分对保税区所在省（直辖市）发明专利数、港口货物吞吐量、每十万人口高等学校平均在校生数、减少政府对企业的干预以及对生产者合法权益的保护 5 指标具有较高的解释力，分别提取了这些指标中的 64%—94% 的信息。第二主成分对信贷资金分配市场化以及劳动力流动性 2 个指标具有较高的解释力，分别提取了指标中的 79%—92% 的信息。

表 4 - 5 表明，运用主成分分析的方法对保税区交易效率变量简化的结果与经过选择的 7 个交易效率结构式完全相符，具有因素效度，它们的确表示了交易效率的重要内涵。

（二）主成分得分的计算

经过提取主成分的过程，我们得到了两个主成分变量和因子载荷矩阵中给出的每个主成分对各个变量的解释率。为得到两个变量的主成分得分和综合得分须在 Excel 中进行以下处理：

第一，在已得到的因子载荷矩阵的基础上，令第一主成分的列向量除以解释总方差表中成分一的初始特征值合计的平方根，令第二主成分的列向量除以解释总方差表中成分二的初始特征值合计的平方根，组成新的载荷矩阵。

第二，把原始数据标准化，得到的新矩阵与新载荷矩阵相乘，最后得到两个主成分的得分矩阵。

第三，计算权数对两个主成分得分进行加权平均得到交易效率综合得分。这里我们选择解释总方差表中第一主成分、第二主成分的初始特征值合计比率作为权数。表达式为 $F = \dfrac{\lambda_1}{\lambda_1 + \lambda_2}F_1 + \dfrac{\lambda_2}{\lambda_1 + \lambda_2}F_2$，主成分得分情况如表4-6所示。

表4-6   2005—2007年保税区平均交易效率主成分得分

保税区	第一主成分	第二主成分	综合	排名
上海外高桥保税区	2.687871	-0.790830	1.192031	2
天津港保税区	0.412262	-2.879340	-1.003130	8
深圳保税区	0.489716	1.778369	1.043837	3
大连保税区	-0.551060	-1.360160	-0.898970	7
厦门保税区	-0.624944	1.670025	0.361893	5
张家港保税区	0.702816	0.550985	0.637529	4
海口保税区	-3.874116	0.063623	-2.180890	9
青岛保税区	-0.677155	-0.571770	-0.631840	6
宁波保税区	1.434620	1.539089	1.479542	1

（三）交易效率的地区比较

由于取自然对数和标准化等一系列的数据处理之后，数据范围并不规则，因此在汇总前有必要根据 $I_i = \dfrac{V_i - V_{\min}}{V_{\max} - V_{\min}} \times 10$ 将第一主成分、第二主成分以及综合得分这几个指标转换到0—10的范围。计算得到各保税区平均交易效率指标如表4-7所示。

由表4-7可见，交易效率第一主成分得分、第二主成分得分和综合得分在各个不同的保税区之间存在较为明显的差异。在发明专利数指标中，广东省的发明专利数最多，这也说明了广东省作为我国发展较好的沿海省份在科技研发、科技进步方面所做的努力，那么也可以在一定程度上说明，位于广东省内的深圳保税区在广东省的大环境下科研实力也高于其他各保税区。而海南省在发明专利上数目最少，这也在某种程度上说明，位于海南省的海口保税区在科研实力方面还有待发展和努力。在港口货物吞吐量指标中，上海保税区、宁波保税区吞吐量较大，海口保税区吞吐量较小。在每十万人口高等学校平均在校生数指标中天津港保税区得分最高而海口保税区得分最低，说明在教育水平上各个保税区存在一定差距。在政府对企业的干预程度这一指标中，深圳保税区得分最高；深圳保税区处于广东省，也说明了广东省政府在对企业的较少干预工作中做得较为到位。深圳市作为改革开放最早的试点城市在开放程度、企业运营机制方面都很成熟，那么在政府减少对企业的干预、企业自主经营方面已经达到很高水平。除此之外，上海外高桥保税区、张家港保税区在这方面也有不错的表现。而位于山东省的青岛保税区在此项得分中排名最后，也就说明青岛保税区在减少政府对企业的干预方面比较欠缺，政府对企业的干预程度相比其他几个保税区较大，以至于影响交易效率的提高。在信贷

表4-7　2005—2007年标准化的保税区平均交易效率主成分得分

保税区	第一主成分	第二主成分	综合
上海外高桥保税区	10.000000	4.483986	9.214547
天津港保税区	6.532134	0.000000	3.217549
深圳保税区	6.650169	10.000000	8.809695
大连保税区	5.064099	3.261639	3.502091
厦门保税区	4.951507	9.767379	6.946678
张家港保税区	6.974918	7.364828	7.699694
海口保税区	0.000000	6.318472	0.000000
青岛保税区	4.871940	4.954293	4.231879
宁波保税区	8.090134	9.486264	10.000000

资金分配市场化指标中位于浙江省的宁波保税区得分最高，深圳保税区得分偏高。而天津港保税区得分最低，这说明了各个保税区在贷款差异化水平方面还有一定差距。在劳动者流动性得分中位于福建省的厦门保税区排名第一，而海南省的海口保税区排名最后。在生产者合法权益保护指标中上海外高桥保税区排名第一，张家港保税区、宁波保税区表现良好，而海口保税区排名最后。

交易效率第一主成分得分中，上海外高桥保税区排名第一，海口保税区排名最后。说明在交易效率第一主成分表示的保税区所在省/直辖市发明专利数、港口货物吞吐量、每十万人口高等学校平均在校生数、减少政府对企业的干预以及对生产者合法权益的保护的综合水平中，上海外高桥保税区发展水平最高，宁波保税区、张家港保税区发展水平也较高，而海口保税区则在各个保税区之中水平最差。在交易效率第二主成分得分中，深圳保税区排名第一，天津港保税区排名最后。说明在信贷资金分配市场化以及劳动力流动性方面的综合水平中，深圳保税区最高，另外宁波保税区、厦门保税区水平较高，而天津港保税区水平较低。

三 交易效率与保税区经济发展水平的检验

对各保税区交易效率各指标进行主成分分析并不是本书分析的最终目的，而是为了检验各保税区交易效率与保税区经济发展水平的关系。为了验证使用主成分分析得出结果的准确性，此处采用 9 个保税区的增加值（亿元）与期末从业人员（万人）之比（见表 4 - 8）和交易效率主成分得分进行线性回归。

表 4 - 8　　　　　　　　增加值和期末从业人员数据

保税区	增加值 （亿元）	期末从业人员 （万人）	增加值/期末从业人员 （万元/人）
上海外高桥保税区	819.57	18.83	43.52469
天津港保税区	301.29	9.73	30.96506
深圳保税区	155.16	5.51	28.15971
大连保税区	168.62	4.50	37.47111

续表

保税区	增加值 （亿元）	期末从业人员 （万人）	增加值/期末从业人员 （万元/人）
厦门保税区	23.36	2.00	11.68000
张家港保税区	142.00	4.00	35.50000
海口保税区	24.56	1.16	21.17241
青岛保税区	64.74	2.77	23.37184
宁波保税区	103.00	3.60	28.61111

从图4－2中可以看到被解释变量的实际值和拟合值基本重合，残差数列基本平稳，模型基本拟合。因此证实了各保税区交易效率总得分与各保税区人均增加值存在正的线性关系，较高的交易效率可以带来较高水平的经济增长。

使用计量经济学软件 Eviews 8.0 得到一阶线性模型，其中 y 表示增加值/期末从业人员，x_1、x_2 分别表示交易效率第一主成分得分、交易效率第二主成分得分，最后得到如下模型：

$$y = 31.47682 - 2.37756x_1 + 2.04103x_2$$
$$\quad (5.47689) \quad (-2.63278) \quad (2.26262)$$

$$R^2 = 0.568312 \qquad DW = 2.941580$$

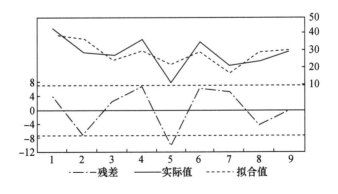

图4－2　拟合图形

交易效率的不断提高可通过分工水平的演进而影响经济增长。本节从三个层面选取了保税区交易效率指标数据，测度了2005—2007

年中国 9 个保税区的平均交易效率水平，并检验了交易效率与经济增长的内在关系。结果显示：在中国开放程度最高的保税区，交易效率与保税区经济增长之间存在正相关，交易效率指数（得分）越高，人均增加值也越高。可以看出，交易效率在很大程度上决定着某一国家或地区的经济发展状况。因此，通过提高保税区交易效率水平来促进保税区经济持续快速发展和成功转型已成为当前保税区发展与建设的重大课题。

第五章 我国保税港区对腹地经济
拉动效应分析

在第四章的分析中，本书已经指出保税港区对腹地经济的拉动效应主要体现在经济增长效应、成本节约效应、社会发展效应和技术进步效应四个方面。本章就这四个效应进行实证研究，分析我国保税港区对腹地经济的拉动效应。

由于我国保税港区建立时间不长，部分保税港区虽然已经获得批准设立，但正式投入运行时间较短，所以相应数据资料比较缺乏。在公开出版物中，仅能查询到四个保税港区2008—2009年的数据情况，难以满足本章的研究需要。考虑到保税港区与保税区之间联系较紧密，且部分保税港区也是由保税区转型而来，我国保税区的数据资料较丰富，所以本书在实证研究时，使用保税区的数据来代替保税港区的数据，即通过研究保税区对腹地经济的拉动作用来考察保税港区对腹地经济的拉动作用。这样会产生一定的偏差，但也能在一定程度上反映保税港区对腹地经济的拉动作用。

第一节 关于保税港区和腹地区域划分的说明

经济腹地是与某个经济中心或中心城市相联系的区域概念，是指该经济中心或中心城市的经济影响力或经济辐射能力能够覆盖的地理区域或范围。经济腹地与中心城市之间往往形成以产业链为连接纽带的相互影响、相互促进的紧密关系。依托中心城市，经济腹地能够在其带动下实现经济快速发展；而若没有经济腹地，中心城市往往也就失去了发展所需的人力、资源、能源等各方面的支撑，难以实现持续发展。

就本书的研究目的及内容看，所涉及的经济腹地是指保税港区的经济腹地。从地理区域看，保税港区的占地面积一般不大，仅是所依托城市的一小部分，因此对保税港区的经济腹地可以从狭义和广义两个角度去理解。狭义的经济腹地仅指保税港区所依托的城市，由于这是与保税港区联系最紧密的区域，为保税港区的发展提供了最直接的资源、能源等各方面支持；但从保税港区的业务所涉及或辐射的范围看，保税港区的经济腹地又大大超越了所依托城市的范围，一般会影响到所在城市之外的广阔区域，并往往以产业链、交通线等作为连接纽带，这个意义上的经济腹地即为广义的经济腹地。

从中国实际情况看，保税港区的数量较少，且在布局上已经有所考虑，因此中国现有的保税港区的经济腹地基本上已经超越了单独某一个城市的范围，影响往往会扩及周边广阔的区域之内，甚至有些保税港区的经济影响会沿着铁路线绵延数千千米。因此，中国保税港区的经济腹地一般要超越所依托单个城市的范围。本书所研究的保税港区的经济腹地是从广义角度理解的经济腹地。但是，由于广义的经济腹地的数据难以得到，本书在进行实证分析时，以保税区所在省级行政区作为其发展腹地。这样做的优点在于界限明确、数据范围清楚易得，缺陷在于保税区对腹地经济的影响只限于省界内从而导致低估腹地经济的范围。

腹地经济的概念较易理解，争议不大，它是指经济腹地的经济发展状况。就本书研究而言，特指保税港区的经济腹地的经济发展状况，所涉及经济腹地的经济发展水平、产业结构状况、财政收入等，以及与之相联系的收入分配、消费结构、资源环境等。

第二节　保税港区对腹地经济拉动效应的典型相关分析

一　典型相关分析的基本分析框架

典型相关分析由霍特林（Hotelling）于 1936 年提出，其后经过多年的应用及发展，逐渐达到完善，大致在 20 世纪 70 年代臻于成熟。
由于典型相关分析涉及大量的矩阵运算，其方法应用在早期曾受到相
当的限制。但随着计算机技术及一系列应用软件的迅速发展，典型相
关分析的应用开始走向普及化。

　　典型相关分析是研究两组变量间整体相关程度的一种多元统计分
析方法，两组变量中的一组称为因变量，另一组称为协变量，两组变
量之间一般是对等关系。典型相关分析借助了主成分分析的降维思
想，首先在第一组变量中构造其线性组合从而生成新的综合变量，使
之能够代表第一组变量的大部分信息；其次按同样思想构造第二组变
量的线性组合，使之能够代表第二组变量的大部分信息，同时要求这
两个新的综合变量间的相关程度最大，这样的两个新的综合变量称为
第一对典型相关变量。重复上述过程，在与前面各对典型相关变量不
相关的情况下，可以找到第二对、第三对典型相关变量……典型相关
变量之间的相关程度可以用简单相关系数来衡量，称为典型相关系
数，它的大小可以反映典型相关变量之间相关程度的强弱。

　　设有两组变量分别为 $x = (X_1, X_2, \cdots, X_p)$ 和 $y = (Y_1, Y_2, \cdots, Y_q)$，$x$ 和 y 是随机向量，它们之间相互关联。在两组变量中分别构造
其线性组合，形成新的综合变量 V 和 W：

$$V = a_1X_1 + a_2X_2 + \cdots + a_pX_p \tag{5.1}$$

$$W = b_1Y_1 + b_2Y_2 + \cdots + b_qY_q \tag{5.2}$$

　　式中，$a_1, a_2, \cdots, a_p$ 和 $b_1, b_2, \cdots, b_q$ 为任意的非零常数向
量，其维数分别为 p 维和 q 维。利用式（5.1）和式（5.2），可以
得到：

$$Var(V) = a'Cov(X)a = a'\sum_X a \tag{5.3}$$

$$Var(W) = b'Cov(Y)b = b'\sum_Y b \tag{5.4}$$

$$Cov(V,W) = a'Cov(X,Y)b = a'\sum_{XY} b \tag{5.5}$$

　　我们要寻找系数向量 $a_1, a_2, \cdots, a_p$ 和 $b_1, b_2, \cdots, b_q$ 使 V 和 W
之间的相关系数达到最大。第一对典型变量，或第一典型变量配对是
具有单位方差的线性组合 V_1 和 W_1 的配对，它使对应的相关系数最大

化。第二对典型变量或第二典型变量配对是具有单位方差的线性组合
V_2 和 W_2 的配对，且在与第一对典型变量不相关的所有配对中，其对
应的相关系数为最大。在第 k 步中：第 k 对典型变量或第 k 典型变量
配对是具有单位方差的线性组合 V_k 和 W_k 的配对，且在与 k—1 个典
型变量配对都不相关的所有配对中，其相关系数为最大。第 k 对典型
变量之间的相关系数称为第 k 典型相关系数。

这涉及解两个有同样（数目均为 $k = \min(p, q)$，而且取值于 0
和 1 之间的）非零特征值（λ）的特征向量问题：

$$Aa = \lambda a, Bb = \lambda b,$$

其中，$A = \sum_{11}^{-1} \sum_{12} \sum_{22}^{-1} \sum_{21}, B = \sum_{22}^{-1} \sum_{21} \sum_{11}^{-1} \sum_{12}$

记 A 和 B 的非零特征值和特征向量为：

$$\lambda_1 \geqslant \lambda_2 \geqslant \cdots \geqslant \lambda_k > 0, \quad a^{(1)}, \ a^{(2)}, \ \cdots, \ a^{(k)}; \ b^{(1)}, \ b^{(2)}, \ \cdots, \ b^{(k)}$$

可得到 k 对线性组合。最大特征值的平方根为 V_1 和 W_1 的相关系
数，次大特征值的平方根为 V_2 和 W_2 的相关系数。一般只选取前几个
影响较大的典型变量和典型相关系数来分析。

二　指标选择以及数据处理

（一）相关指标的选择与说明

1. 相关指标的选择

指标的选择需要考虑目的性、科学性、合理性和数据的易得性，
在以上原则的指导下对我国 2007—2009 年保税区基本经济情况进行
分析，以确定科学合理的分析指标。本书初步选择了 9 项指标见表
5 -1，分别反映了保税区的经济发展、高新技术、利用外资、对外贸
易等情况。

从表 5 -1 中我们可以看到，2007—2009 年我国保税区增加值平
均为 2128.14 亿元，占腹地省级行政区域增加值大约 1%，而实际进
出口则占到腹地省级行政区域进出口总额的 6.25%。从中可以看出，
保税区是腹地经济与国际经济接轨的重要通道。因此本章选择实际进
出口额作为衡量保税区经济发展的主要指标之一，而与实际进出口额
联系密切的货运总量也是一个非常重要的指标。从区位条件看，我国
保税区具备突出的区位优势：保税区均依港建立，基本上处在国际物

流的节点或通道上，如天津港保税区、上海外高桥保税区、张家港保税区、宁波保税区、福州保税区等都位于国际贸易大港之内或附近。而深圳福田保税区和沙头角保税区则位于通往香港陆路口岸附近。它们大多有优质通畅的公路网、铁路网乃至航空网与之相连接，交通非常便利，多数保税区具有重要的物流功能，那么选取货运总量作为主要分析指标是非常必要的。

表 5 - 1　　　　2007—2009 年我国保税区基本经济指标

经济指标	2007 年	2008 年	2009 年	三年平均值
增加值(亿元)	1833.55	2166.00	2384.88	2128.14
销售收入(亿元)	12569.53	14700.00	14747.94	14005.82
工业总产值(亿元)	3206.56	3467.00	3347.30	3340.29
其中高新技术产业	824.71	896.00	874.22	864.98
实际利用外资额(亿美元)	26.62	34.00	38.02	32.88
货运总量(万吨)	5658.92	5795.00	6097.00	5850.31
税收总额(亿元)	874.10	1139.00	1221.84	1078.31
从业人员(万人)	56.20	58.00	60.13	58.11
实际进出口额(万美元)	12812791.78	13630609.00	11442956.00	12628786.00

另外，我国保税区创造了较高的销售收入，但是销售收入是一个容易受到价格影响的指标，所以不把它作为主要分析指标。招商引资虽然是保税区具有中心意义的工作，但由于实际利用外资额数额较小或很多保税区数值为0，用其衡量保税区对腹地经济的拉动作用难免牵强，因此也不把实际利用外资额列为主要分析指标。

综合以上分析，本章选择保税区增加值、货运总量、实际进出口额和税收总额作为衡量保税区经济发展的主要指标，而在考虑保税区发展对腹地经济拉动作用时，以货运总量、实际进出口额和税收总额作为解释变量。

2. 数据处理说明

由于各保税区批准成立的时间及发展类型不同，其功能设计也不尽一致。厦门象屿、宁波、广州、张家港、青岛等是贸易型保税区，深圳沙头角就是典型的工贸型保税区，而上海外高桥、天津港、深圳福田、大连、福州等为综合型保税区，所以规模差异非常巨大。以2007年为例，上海外高桥保税区创造增加值819.57亿元，而广州保税区为0亿元，福州保税区为4.35亿元，只有上海外高桥保税区的0.53%；珠海保税区创造增加值13.10亿元，汕头保税区创造增加值13.80亿元，也只有上海外高桥保税区的1.68%。2007年，上海外高桥保税区实际进出口额为5499845.00万美元，而同期福州保税区为70356.25万美元，只有上海外高桥保税区实际进出口额的1.28%；汕头保税区实际进出口额为12783.68万美元；珠海保税区实际进出口额稍高一些，为103196.30万美元，但也只有上海外高桥保税区实际进出口额的1.88%。

鉴于此，本书将福建省所辖范围内的福州保税区与厦门象屿保税区数据汇总到一起，作为一个数据单位；将广东省所辖范围内广州、珠海、深圳和汕头四个保税区数据进行了汇总，作为一个数据单位。另外虽然海口保税区的规模也比较小，但海南省所辖范围内仅有此一个保税区，且由于其比较特殊的地理位置，本书将其作为一个数据单位参与分析。经过处理后2007—2009年各保税区数据情况如表5-2至表5-4所示。

表5-2 2007年各保税区主要经济指标

保税区	增加值 X_1（亿元）	货运总量 X_2（万吨）	实际进出口额 X_3（万美元）	税收总额 X_4（亿元）
天津港保税区	301.29	0.00	940130.30	169.24
大连保税区	168.62	2650.00	197907.70	46.00
上海外高桥保税区	819.57	704.30	5499845.00	446.95
张家港保税区	142.00	930.63	196447.90	63.21
宁波保税区	103.00	367.00	311573.40	29.00
福建省保税区	27.71	103.74	313162.80	19.97
青岛保税区	64.74	169.66	243875.30	20.46
广东省保税区	182.06	732.59	5100682.00	68.70
海口保税区	24.56	1.00	9167.19	10.57

资料来源：中国保税区出口加工区协会编：《中国保税区出口加工区年鉴2008》，中国海关出版社2008年版。

表 5 - 3　　　　　　　　2008 年各保税区主要经济指标

保税区	增加值 (亿元)X₁	货运总量 (万吨)X₂	实际进出口额 (万美元)X₃	税收总额 (亿元)X₄
天津港保税区	386.00	0.00	1123224.00	282.00
大连保税区	218.00	3120.00	225085.20	102.00
上海外高桥保税区	953.00	627.00	6007889.00	518.00
张家港保税区	182.00	998.00	2192964.00	79.00
宁波保税区	136.00	378.00	349372.60	38.00
福建省保税区	34.00	72.00	277642.70	15.00
青岛保税区	66.00	163.00	344419.10	22.00
广东省保税区	174.00	436.00	5070078.00	74.00
海口保税区	17.00	1.00	13043.08	10.00

资料来源：中国保税区出口加工区协会编：《中国保税区出口加工区年鉴2009》，中国海关出版社2009年版。

表 5 - 4　　　　　　　　2009 年各保税区主要经济指标

保税区	增加值 (亿元)X₁	货运总量 (万吨)X₂	实际进出口额 (万美元)X₃	税收总额 (亿元)X₄
天津港保税区	515.23	0.00	891840.20	317.29
大连保税区	280.18	3500.00	235439.10	105.04
上海外高桥保税区	993.00	589.00	5196824.00	560.36
张家港保税区	257.35	1066.00	226971.80	70.88
宁波保税区	87.98	557.00	369286.80	30.60
福建省保税区	37.91	44.00	217141.00	9.73
青岛保税区	65.53	126.00	317898.80	30.58
广东省保税区	131.75	215.00	3974355.00	86.55
海口保税区	15.96	1.00	13199.60	10.81

资料来源：中国保税区出口加工区协会编：《中国保税区出口加工区年鉴2010》，中国海关出版社2010年版。

（二）经济腹地的相关指标选择与处理

本书将反映腹地社会经济发展状况的各个指标作为因变量。按照第三章理论分析的结果，腹地社会经济发展要考虑经济增长、成本节约、社会发展、技术进步等方面。由于成本节约效应数据难以获取，因此本书仅从其余三个方面选取相应数据指标。在经济增长方面，保税港区对腹地经济的促进作用，首先体现在进出口总额的增加上，进而增加腹地的财政收入水平，最终综合反映在 GDP 的增长上。因此本书选取 GDP（Y_1）、财政收入（Y_2）、进出口总额（Y_3）三项反映经济增长的指标。在社会发展方面，选取第三产业增加值占 GDP 比重（Y_4）、城镇调查就业率（Y_5）和城乡居民人均加权收入（Y_6）予以反映。在技术进步方面，选取腹地高新技术产业产值占工业总产值的比重（Y_7）。同时，考虑到某些省份有多个保税区，且不同保税区之间的经济腹地有交叉与重复，因此，与保税区的处理情况类似，本书将包含多个保税区的省份共同作为所在省份保税区的经济腹地。经过处理数据情况见表 5 - 5 至表 5 - 7。需要说明的是，表中所有数据均来源于《中国统计年鉴》（2008—2010），并根据其中的指标进行了计算或整理，其中城镇调查就业率 = 1 - 城镇调查失业率；城乡居民人均加权收入为城镇居民可支配收入与农村居民人均纯收入按人口数量加权平均后的数值。

表 5 - 5　　　　　　2007 年保税区所在腹地省份经济指标

腹地省份	GDP（亿元）	财政收入（亿元）	进出口总额（万美元）	第三产业增加值占 GDP 比重(%)	城镇调查就业率（%）	城乡居民人均加权收入（元）	高新技术产业产值占工业总产值比重(%)
	Y_1	Y_2	Y_3	Y_4	Y_5	Y_6	Y_7
天津市	5252.76	540.44	7556368.80	40.50	96.40	14142.98	22.10
辽宁省	11164.30	1082.69	6518010.90	36.60	95.70	9229.39	5.54
上海市	12494.01	2074.48	27387026.50	52.60	95.80	22099.70	25.19
江苏省	26018.48	2237.73	37224746.40	37.40	96.80	11783.65	18.26
浙江省	18753.73	1649.50	19919912.30	40.70	96.70	15305.71	8.04
福建省	9248.53	699.46	7528996.00	40.00	96.10	10356.06	14.49
山东省	25776.91	1675.40	14080118.20	33.40	96.80	9323.44	6.40
广东省	31777.01	2785.80	65241397.00	43.30	97.50	13248.36	27.47
海南省	1254.17	108.29	707232.20	40.70	96.50	7192.37	3.90

表 5-6　　　　　　　　2008 年保税区所在腹地省份经济指标

腹地省份	GDP（亿元）	财政收入（亿元）	进出口总额（万美元）	第三产业增加值占GDP比重（%）	城镇调查就业率（%）	城乡居民人均加权收入(元)	高新技术产业产值占工业总产值比重（%）
	Y_1	Y_2	Y_3	Y_4	Y_5	Y_6	Y_7
天津市	6354.38	675.62	8690306.00	37.90	96.40	16801.30	15.97
辽宁省	13461.57	1356.08	8216385.00	34.50	96.10	10870.61	4.80
上海市	13698.15	2358.75	31388271.00	53.70	95.80	24938.15	24.05
江苏省	30312.61	2731.41	43046700.00	38.10	96.70	13504.89	17.42
浙江省	21486.92	1933.39	24440735.00	41.00	96.50	17015.92	7.46
福建省	10823.11	833.40	8671960.00	39.30	96.10	12066.99	13.24
山东省	31072.06	1957.05	18764359.00	33.40	96.30	10717.48	6.54
广东省	35696.46	3310.32	71777681.00	42.90	97.40	14848.96	25.88
海南省	1459.23	144.86	959046.00	40.20	96.30	8334.55	4.32

表 5-7　　　　　　　　2009 年保税区所在腹地省份经济指标

腹地省份	GDP（亿元）	财政收入（亿元）	进出口总额（万美元）	第三产业增加值占GDP比重（%）	城镇调查就业率（%）	城乡居民人均加权收入(元)	高新技术产业产值占工业总产值比重（%）
	Y_1	Y_2	Y_3	Y_4	Y_5	Y_6	Y_7
天津市	7521.85	821.99	7203488.00	45.30	85.54	18606.10	14.46
辽宁省	15212.49	1591.22	6984732.00	38.70	95.64	11874.34	4.36
上海市	15046.45	2540.30	27332902.00	59.40	76.92	26973.33	23.08
江苏省	34457.30	3228.78	36593194.00	39.60	82.41	14980.33	17.59
浙江省	22990.35	2142.51	21071173.00	43.10	93.33	18462.74	6.67
福建省	12236.53	932.43	8123952.00	41.30	88.11	13309.06	11.89
山东省	33896.65	2198.63	16352216.00	34.70	93.45	11768.47	6.55
广东省	39482.56	3649.81	63198852.00	45.70	74.51	16206.31	25.49
海南省	1654.21	178.24	848318.00	45.30	94.06	9169.25	5.94

三 典型相关分析的实证结果

本书利用 SPSS 16.0 来完成典型相关分析，首先进行皮莱（Pillai）迹检验、霍特林（Hotelling）迹检验和威尔克斯（Wilks）λ 检验（见表 5 - 8）。

表 5 - 8　　　　　　　　典型相关分析的显著性检验

检验类型	检验值	近似 F 值	假设自由度	误差自由度	显著性水平
皮莱迹检验	2.80232	6.35085	28	76	0.000
霍特林迹检验	22.94428	11.88186	28	58	0.000
威尔克斯 λ 检验	0.00168	10.30362	28	59	0.000

在表 5 - 8 中，皮莱迹检验、霍特林迹检验、威尔克斯 λ 检验和罗伊最大根检验均说明，典型相关总体结果显著。

表 5 - 9 中的数据给出了特征值、方差贡献率、累积方差贡献率、典型相关系数、威尔克斯 λ 统计量、F 值和显著性水平。典型相关系数分别为 0.962、0.935、0.873 和 0.480，但第四对典型变量之间的相关性并不显著。因此，提取三对典型变量，其累积方差贡献率为 98.631%。

表 5 - 9　　　　　　　　特征值及典型相关系数

序号	特征值	方差贡献率（%）	累积方差贡献率（%）	典型相关系数	威尔克斯 λ 统计量	F 值	显著性水平
1	12.411	54.092	54.093	0.962	0.002	10.300	0.000
2	7.004	30.528	84.620	0.935	0.023	7.612	0.000
3	3.215	14.010	98.631	0.873	0.181	4.872	0.000
4	0.314	1.369	100.000	0.489	0.761	1.493	0.244

（一）因变量分析①

因变量是反映腹地社会经济发展状况的各个指标，包括 GDP（X_1）、财政收入（X_2）、实际进出口额（X_3）、第三产业占 GDP 比重（X_4）、城镇调查就业率（X_5）、城乡居民人均加权收入（X_6）和高新技术产业产值占工业总产值的比重（X_7），利用 SPSS 16.0 软件从因变量中提取的各典型变量的表达式为：

$V_1 = 0.34070X_1 + 0.27696X_2 - 0.17413X_3 + 0.88245X_4 + 0.36231X_5 - 0.14059X_6 + 0.39405X_7$

$V_2 = -1.33669X_1 + 1.78102X_2 - 1.32739X_3 - 0.59421X_4 - 0.07712X_5 + 0.58452X_6 + 0.30808X_7$

$V_3 = 3.13506X_1 - 4.63473X_2 + 0.73737X_3 + 0.49811X_4 - 0.23926X_5 + 0.99188X_6 + 0.26611X_7$

表 5 - 10 给出的是典型载荷矩阵，也就是提取的典型变量与原始变量的相关系数。可以看到，第一个典型变量 V_1 反映了除 GDP 和城镇调查就业率以外的其他指标的主要信息；第二个典型变量 V_2 反映了 GDP 以及实际进出口额和城乡居民收入的部分信息。

表 5 - 10　　　　　　　　　　因变量典型载荷矩阵

	V_1	V_2	V_3
X_1	0.33013	- 0.51274	- 0.29658
X_2	0.64413	- 0.26465	- 0.37651
X_3	0.71918	- 0.51903	- 0.18742
X_4	0.78899	0.37377	0.20368
X_5	- 0.25167	- 0.20526	- 0.14279
X_6	0.74715	0.54692	0.14463
X_7	0.84845	- 0.05322	0.16500

① SPSS 在典型相关分析中会把第一组变量称为因变量（dependent variables），而把第二组变量称为协变量（covariates）。显然，这两组变量是完全对称的。这种命名仅仅是为了叙述方便。

（二）协变量分析

协变量是反映保税区发展状况的指标，包括增加值（Y_1）、货运总量（Y_2）、实际进出口额（Y_3）和税收总额（Y_4）。

系统从协变量中提取的各典型变量的表达式为：

$$W_1 = 1.87275Y_1 - 0.26055Y_2 + 0.85544Y_3 - 1.77179Y_4$$

$$W_2 = 0.76319Y_1 + 0.0737Y_2 - 0.94936Y_3 + 0.60979Y_4$$

$$W_3 = -2.27706Y_1 - 0.72236Y_2 - 0.14963Y_3 + 2.47936Y_4$$

表 5-11 给出的是协变量与典型变量之间的相关系数。可以看到，第一个典型变量 W_1 主要反映了保税区实际进出口额的信息和保税区增加值、保税区税收总额的部分信息；第二个典型变量 W_2 主要反映了保税区增加值和保税区税收总额的信息；第三个典型变量 W_3 主要反映了保税区货运总量的信息。

表 5-11　　　　　　　　　协变量典型载荷矩阵

	W_1	W_2	W_3
Y_1	0.69381	0.71034	-0.01179
Y_2	-0.13430	0.21932	-0.92637
Y_3	0.96904	-0.00541	-0.00275
Y_4	0.65655	0.71595	0.12244

另外，系统给出的典型冗余分析表明，通过因变量提取的三个典型变量可以解释因变量原始数据 63.80% 的信息，可以解释协变量原始数据 57.39% 的信息；通过协变量提取的三个典型变量可以解释因变量原始数据 83.21% 的信息，可以解释协变量原始数据 95.20% 的信息。

（三）结论

典型相关分析显示，V_1 和 W_1 关系最为密切，典型相关系数为 0.96200，也就是说保税区的增加值、保税区税收总额和保税区实际进出口额同腹地 GDP 以外的各指标相关关系最密切，表明保税区经济发展和腹地经济发展的紧密联系。V_2 和 W_2 关系次之，典型相关系数为0.93554中,说明保税区的增加值和税收总额对腹地GDP增长的贡献,同时也说明,保税区经济发展的社会效应也主要通过增加值和税收总额来体现(见图5－1)。

图5－1 保税区与腹地经济的典型相关关系

第三相关的则是保税区的货运总量和腹地各指标少量信息,但相关性要弱一些,典型相关系数只有0.87336,主要说明保税区物流发展对腹地经济发展具有重要的支撑作用。

第三节 保税港区对腹地经济拉动效应的回归分析

保税港区对腹地经济具有拉动效应,具体包括经济增长效应、成本节约效应、社会发展效应和技术进步效应。本部分就保税区的相关数据情况对这些效应进行实证检验。

一 保税港区对腹地经济增长效应的分析

典型相关分析阐明了保税区发展与腹地经济发展各方面的相关关系,选择GDP、财政收入、对外贸易进出口总额和第三产业占GDP的比重作为腹地经济的代表指标,从保税区的基本经济指标中选择增加值、实际进出口额、货运总量和税收总额分别作为解释变量,利用2007—2009年我国保税区与腹地省级行政区域面板数据建立回归模型,以考察我国保税区经济发展对腹地经济增长的直接影响。

从表5－12中可以看到,除保税区税收总额对腹地GDP的影响在统计上不显著之外，其余各指标对腹地经济增长的拉动作用均具有统计显著性。保税区增加值每增长1%，腹地 GDP 平均增长 0.3161%、腹地财政收入平均增长 0.4613%、腹地进出口总额平均增长 0.6009%、腹地第三产业占 GDP 比重平均增长 0.0529%；保税区实际进出口额每增长1%，腹地 GDP 平均增长 0.3440%、腹地财政收入平均增长 0.4012%、腹地进出口总额平均增长 0.5721%、腹地第三产业占 GDP 比重平均增长 0.0362%；保税区货运总量每增长1%，腹地 GDP 平均增长 0.0764%、腹地财政收入平均增长 0.0733%、腹地进出口总额平均增长 0.0740%，保税区货运总量每增长1万吨，腹地第三产业占 GDP 比重平均增长约为 0.0000%；而保税区税收总额1%的增长平均可带来腹地财政收入 0.3437% 的增长、腹地进出口总额 0.4735% 的增长和腹地第三产业占 GDP 比重 0.0576% 的增长。可见，保税区经济发展对腹地经济增长更多地体现在总量上，对腹地经济增

表5－12　　　　保税区对腹地经济增长效应的回归分析结果

被解释变量 \ 解释变量		增加值	进出口总额	货运总量	税收总额
腹地 GDP	常数项	7.9478(10.3924)	5.0051(4.4296)	9.2401(50.6046)	8.6965(13.6600)
	系数	0.3161(2.0657)	0.3440(4.0011)	0.0764(2.9934)	0.1953(1.2944)
	R^2	0.1458	0.4181	0.2638	0.0628
腹地财政收入	常数项	4.8886(7.1704)	1.9067(2.0838)	6.8972(37.4362)	5.7444(9.7184)
	系数	0.4613(3.3817)	0.4012(5.7632)	0.0733(2.8484)	0.3437(2.4529)
	R^2	0.3462	0.5995	0.2764	0.2241
腹地进出口总额	常数项	13.4499(14.8620)	8.9209(8.4951)	16.1353(64.4911)	14.4602(18.7688)
	系数	0.6009(3.3187)	0.5721(7.1609)	0.0740(2.1184)	0.4735(2.5931)
	R^2	0.3267	0.6917	0.15220	0.2295
腹地第三产业比重	常数项	3.4577(33.0726)	3.244(18.3493)	39.4672(38.0250)	3.4826(43.9277)
	系数	0.0529(2.5296)	0.0362(2.6892)	2.21E－06(4.1337)	0.0576(3.0627)
	R^2	0.2754	0.2954	0.4060 *	0.3422

注：表中括号内数值为 t 值。方法：面板最小二乘法（Panel Least Squares）。

·号表示的结果为线性模型，其余为对数模型。

长的结构效应要弱一些。另外，保税区经济发展对腹地经济增长的拉动效应主要由保税区增加值、实际进出口额和税收总额来体现，货运总量的拉动作用相对较小。

二　保税港区对腹地成本节约效应的分析

第三章的理论分析已经表明，保税区对腹地具有成本节约效应，主要体现在对入区企业运行成本的降低方面，这在保税区的相关政策当中均有所体现。虽然已经有相关政策对企业的税费进行了一定程度的减免，但具体的减免数额资料却难以获取，因此，本部分难以利用有关数据进行实证检验，仅就部分保税区的有关政策进行定性分析。具体而言，保税区对企业的成本降低主要体现在以下几个方面。

（一）通过优惠政策直接减免一部分税费收入，降低企业成本

为了促进保税区的发展，我国现有保税区基本上都出台了一些优惠措施，对入区企业满足一定条件的入区货物在一定的时间期限内予以税收收入方面的减免。如《中华人民共和国海关保税港区管理暂行办法》第十七条规定，对符合一定条件的入区物资如生产性所需机器、设备以及一些基建物资、自用办公用品等免征进口关税和进口环节海关代征税。[1] 一些保税港区还结合当地情况，出台了一些区域优惠政策鼓励保税港区企业发展，如天津东疆保税港区对区内物流企业的优惠措施力度更大，在开业后 5 年内对营业税予以税收返还，其中前两年内全额返还，后 3 年内减半返还。并且，天津东疆保税港区对所得税地方分享部分也有优惠，自获利年度起 5 年内予以减免，其中前两年全部返还，后 3 年减半返还。另外，东疆保税港区还规定，区内交易和产品出口免征增值税等。[2]

同时，许多保税港区还出台一些优惠措施减免企业的相关费用支出，如重庆两路寸滩保税港区对出口的农产品免收或减半收取检验检疫费用，对符合某些条件的出口纺织品检验检疫费用降低 30% 等；对

---

① 《中华人民共和国海关保税港区管理暂行办法》第十七条，中华人民共和国海关总署令第 164 号，2007 年 9 月 3 日发布，http://www.gov.cn/ziliao/flfg/2007-09/05/content738166.htm。

② 天津东疆保税港区网站，http://www.dongjiang.gov.cn/。

物流企业，租用期限超过两年的在半年内租金全额返还，半年后租金实行优惠等。①

上述这些国家及地方优惠政策，为入区企业提供了大量税收优惠，对于企业降低运营成本、提升获得能力具有极大的促进作用，对入区企业具有极大的吸引力。

（二）保税区管理效率的提升，为企业带来成本上的节约

我国保税区在设立时均参照了国际先进的管理经验与水平，管理效率较高。一些出入港区和出境的手续简便，时间较短，能够有效地提升企业运行效率，使企业运营成本降低。如天津东疆保税港区在联检商贸中心设立包括海关、边检、检验检疫、工商、税收等相关部门在内的业务窗口，对于符合条件、手续齐全的事项当场审批，需要核实情况的在 3 个工作日内办结。② 这大大提升了企业的办事效率，能够使企业节约更多的时间与精力以进行生产活动，这会在很大程度上降低企业运营成本，提升企业运行效率，增强竞争力。

（三）其他一些优惠措施

还有一些其他政策能够为企业带来成本上的降低，如国内非保税区商品进入保税区即视为出口，相关企业即可据此办理出口退税，可以有效降低企业融资成本。保税区对区内企业为出口货物生产所耗的水、电、气等，可办理返还其中包含的增值税等。

这些优惠政策与措施，有的是直接降低企业的相关税费支出，直接降低了企业的运营成本；有的则是着重于提升企业运行效率方面，通过企业效率的提升，增强产品竞争能力及盈利能力，形成成本节约效应。

三　保税港区对腹地社会发展效应的分析

本书利用腹地城镇调查就业率和城乡居民人均加权收入作为被解释变量，保税区增加值、实际进出口额、货运总量和税收总额分别作为解释变量，2007—2009 年我国保税区与腹地省级行政区域面板数据

① 重庆两路寸滩保税港区网站，http://www.ccfta.gov.cn/gqzw/html/29.html。
② 天津东疆保税港区网站，http://www.dongjiang.gov.cn/。

的基础上建立回归模型，以考察保税区经济发展的社会发展效应。

　　从表 5 – 13 的数据中可以看到，保税区各指标对腹地社会发展的直接拉动作用较其他方面要弱一些，这主要是由于保税区经济发展对腹地城乡居民收入影响是间接的，而且是一个比较复杂的传导机制。保税区增加值对腹地城镇调查就业率的影响是不显著的，但保税区增加值 1%的增长可带来腹地城乡居民收入平均 0.2157%的增长；保税区实际进出口额每增加 1 万吨美元，腹地城镇调查就业率只增长约 0.1%；保税区实际进出口额每增长 1%，腹地城乡居民收入平均可增长 0.1424%；而保税区货运总量对腹地城乡居民收入和腹地城镇调查就业率均不具有显著影响[①]；相对而言，税收对城乡居民收入的拉动力就稍高一些，1 亿元增加，腹地城镇调查就业率平均增长 0.1307%，且税收每增长 1%，腹地城乡居民收入也增长 0.2%。

表 5 – 13　　　　保税区对腹地社会发展效应的回归分析结果

被解释变量 ＼ 解释变量		增加值	实际进出口额	货运总量	税收总额
腹地城镇调查就业率	常数项	4.6101(77.5637)	8.7815(34.5825)	4.5337(286.7483)	9.5906(73.2122)
	系数	−0.0157(−1.3207)	0.1033(5.3133)	2.27E−05(0.0103)	0.1307(4.2108)
	R^2	0.0652	0.5304 *	0.000004 *	0.4149 *
腹地城乡居民人均加权收入	常数项	8.4584(51.8254)	7.6536(27.9961)	14532.46(12.5012)	8.7023(64.6655)
	系数	0.2157(6.6064)	0.1424(6.8442)	−0.5268(−0.5137)	0.1994(6.2517)
	R^2	0.6853	0.6997	0.0104 *	0.6622

　　注：表中括号内数值为 t 值。方法：面板最小二乘法（Panel Least Squares）。

　　* 号表示的结果为线性模型，其余为对数模型。

四　保税港区对腹地技术进步效应的分析

　　本书选择腹地高新技术产业产值占工业总产值的比重作为被解释变量，保税区增加值、实际进出口额、货运总量和税收总额分别作为

---

　　① 笔者用双对数模型和线性模型估计的保税区货运总量的社会发展效应均不具有统计显著性，表 5 – 13 只给出了线性模型结果。

解释变量，利用 2007—2009 年我国保税区与腹地省级行政区域面板数据建立回归模型，以考察保税区经济发展对腹地高新技术产业发展的影响。

从表 5 - 14 中可以看到，保税区各指标对腹地高新技术产业发展的拉动作用也是比较明显的。保税区增加值每增长 1%，腹地高新技术产业占工业总产值比重平均增长 0.3175%；保税区实际进出口额每增长 1%，腹地高新技术产业占工业总产值比重平均增长 0.3005%；保税区货运总量对腹地高新技术产业占工业总产值比重的影响不显著；保税区税收总额每增长 1%，腹地高新技术产业产值占工业总产值比重平均增长 0.3245%。可见，保税区经济发展对腹地高新技术产业发展的影响也是非常明显的。

表 5 - 14   保税区对腹地技术进步效应的回归分析结果

解释变量 被解释变量		增加值	实际进出口额	货运总量	税收总额
腹地高新技术产业产值占工业总产值的比重	常数项	0.8711(1.7991)	-1.4988(-2.5976)	2.4495(17.017)	1.1045(2.9914)
	系数	0.3175(3.2766)	0.3005(6.8451)	-0.0106(-0.5283)	0.3245(3.7081)
	R²	0.3207	0.6719	0.01104	0.3764

注：表中括号内数值为 t 值。方法：面板最小二乘法（Panel Least Squares）。

第四节   小结

通过典型相关分析和回归分析，可以大致看到，保税港区经济发展对腹地的影响路径。保税港区进出口的发展是一个非常活跃的核心因素，其直接带动了自身增加值、税收总额的增长，同时对腹地进出口的发展和其他方面也具有直接的重要影响。但我们也可以看到，保税港区经济发展对腹地经济增长的总量效应明显，结构效应较弱，技术进步效应明显，社会效应较弱，并且值得深思的是，回归分析中显示保税港区货运总量除对腹地经济增长效应在统计上显著之外，其社会发展效应和技术进步效应均不具有统计显著性，实证分析之所以传递出这样的信息，意味着部分保税港区物流方面的发展还有欠缺，有待于进一步提高。

今后要提升保税港区对腹地经济发展的拉动作用需从以下几个方面着手：（1）进一步整合保税港区的产业功能，增大高附加值贸易形式，增强技术创新，提高保税港区进出口贸易的抗风险能力和持续增长的潜力。（2）为保税港区产业发展创造公平、宽松、有利于竞争的政策和法规环境，同时在物流基础设施建设、融资、土地使用等方面给予一定的政策支持，以提升保税港区物流发展水平。（3）促进各保税港区平衡发展，增强保税港区经济发展对国内市场的辐射和带动作用。（4）加快信息化建设，推进保税港区海关监管模式改革，全力推动保税港区货物贸易与服务贸易发展。

第六章　我国保税港区对腹地经济拉动效率评价

第一节　效率评价方法分析与选择

一　几种常用效率评价方法分析

对于效率的评价问题，常用的评价方法有层次分析法（AHP）、德尔菲（Delphi）法、灰色关联度法、TOPSIS法及主成分分析法、随机前沿分析模型、BP神经网络技术以及数据包络分析（DEA）等。在实践应用当中，这些评价方法有各自适用的评价范围，在显示各自优点的同时，也在一定程度上暴露出缺陷与不足。本部分首先将上述各种常用效率评价方法进行简单的分析和比较，然后选定本书使用的效率评价方法。

（一）层次分析法

层次分析法（The Analytic Hierarchy Process，AHP）诞生于20世纪70年代，由美国运筹学家托马斯·塞蒂（T. L. Saaty）提出。它基于定性与定量相结合的思想，针对复杂问题的科学决策，提出适用于目标、多准则、多时期系统的科学评价与决策方法。

层次分析法一般要经过建立层次结构模型、构造成对比较矩阵、计算单排序权向量并进行一致性检验、计算总排序权向量并进行一致性检验等几个步骤，最终做出最优决策。层次分析法的优点在于，从系统论角度出发，基于掌握的信息对所涉及的问题进行综合评价。该方法简单明了，实用性较强，已经广泛应用于能源、经济、城市管理等领域的决策，取得了较大的成功。

在实际应用中，层次分析法也存在一定的缺陷，如精度不高、不能对现有方案进行优化等，特别是该方法在构造成对比较矩阵时，主观因素的影响非常大；当决策问题比较复杂时，所得到的结果往往会遭受较大质疑。此外，该方法在进行多层比较时，需要进行一致性检验，若相关指标不满足一致性要求，则该方法就会失效。

（二）德尔菲法

德尔菲法产生于 20 世纪 40 年代。1946 年美国兰德公司（RAND Corporation）开始采用德尔菲法进行预测。

德尔菲法是一种依赖于评价专家的主观评价方法，因此也称专家调查法，其一般步骤是：第一步，将所需要预测或决策的问题分别发送给评价专家，专家进行评价后返回给组织者；第二步，组织者将专家的意见进行归纳并整理出综合意见，然后再将综合意见和问题再次发送给评价专家；第三步，评价专家根据综合意见对自己的意见进行修正，再次返回给组织者……如此经过多次反复之后，最终各位评价专家会形成比较一致的预测或决策意见。

德尔菲法操作起来简单易行，由于各位专家之间是匿名的，互相并不直接联系，特别适用于数据量较缺乏的情况，能够形成较有代表性的意见。但该方法也存在明显的缺陷：一是主观性较强；二是耗费时间较长；三是部分专家可能会受其他专家意见的影响，这在一定程度上影响到结果的独立性和真实性。

（三）TOPSIS 法

TOPSIS 法（Technique for Order Preference by Similarity to an Ideal Solution，TOPSIS）于 1981 年由 C. L. Hwang 和 K. Yoon 提出，它是一种多目标决策方法。该方法的基本思想是，以希望达到的目标即理想化目标为基准，将有限个评价对象与之进行比较，并依据它们与理想化目标的接近程度进行排序，距离最近的方案则为最优方案，距离越远方案越差。

TOPSIS 法简单易行，对数据的分布、指标多少及样本容量均没有严格要求，适应性强。但该方法也存在一定的缺陷，如理想值向量和负理想值向量易受环境条件的影响，稳定性差，可能会导致排序后顺序的变化，影响到评价结果，影响到该方法的实际应用。

（四）主成分分析法

主成分分析也称为主分量分析，它是借助于降维的思想，将多个指标降维成少数几个综合指标来进行综合评价分析的一种方法。在该方法中，降维而成的少数几个综合指标能够代表原来的多个指标的绝大部分信息，这样可大大减少工作量，提高分析效率。

主成分分析方法比较成熟，该方法权数的确定具有较强的客观性和科学性，在许多计算机软件当中能够快速实现。但该方法也存在一定的缺陷，如要求较大的样本容量，主成分是原始变量的线性函数，没有考虑非线性关系等。

（五）随机前沿分析（SFA）

随机前沿分析（Stochastic Frontier Analysis，SFA）于 1977 年由 Meeusen、Broeck、Aigner 等提出，广泛应用于效率测度。随机前沿分析包括随机前沿成本函数分析和随机前沿产出函数分析，以及随机效应模型、固定效应模型以及扩展模型。该方法是一种参数分析方法，它可以测算研究对象的技术效率水平，也可以对其影响因素进行深入分析，因此得到了广泛应用。但该方法存在的一个主要缺陷是需要确定最佳效率边界的函数形式，这可能会与真实效率边界形式存在偏差，影响到效率评价的结果；另外，该方法还需要对无效率分布做出假定，这往往与实际经济运行情况相悖。上述缺陷的存在影响了该方法的应用。

（六）数据包络分析（DEA）

数据包络分析（Data Envelopment Analysis，DEA）是一种相对效率评价方法，适用于包括多个指标投入或多个指标产出的经济系统。其基本做法是采用适当的权重将被评价单位（称为决策单元）的投入与产出进行对比，并合理确定有效前沿面，根据各决策单元与有效前沿面的距离远近判断决策单元的效率情况。

DEA 方法不必事先预设参数估计值，也无须确定具体的投入产出关系式，指标间的相对权重也无须主观确定，因此该方法避免了许多主观因素的影响，能够提供较客观的效率评价水平。由于上述优点，DEA 方法已被广泛应用于各个领域的效率评价问题，如技术和生产力进步评价、部门生产率效率评价、可持续发展评价、资源配置、金融投资等，取得了广泛的认可与支持。

二　效率评价方法的选择

本章的目的是借助于保税港区及其经济腹地的若干经济指标，就保税港区对经济腹地的拉动效率进行评价与分析。通过对上述 6 种评价方法的分析，综合考虑研究目的与数据情况，本书选择 DEA 方法进行实证研究。主要依据在于：

（1）本章的研究是一个含多指标投入（共 4 个）、多指标产出（共 7 个）的经济系统，投入指标与产出指标之间的具体关系形式未知，难以用现有已知模型进行拟合或刻画，而 DEA 模型恰恰可以很好地对这种经济系统进行处理。

（2）对运行效率进行评价时，一般会确定一个有效前沿面，而本章就保税港区对腹地经济拉动效率的研究，难以确定一个科学、合理的有效前沿面，也未知其具体函数形式。而 DEA 模型的有效前沿面由系统内部产生，也适用于本章问题的研究。

（3）DEA 模型的一个优点之一即投入指标和产出指标间的权重不必事先主观给定，这就排除了主观因素对效率评价结果的影响。

综合以上的优点，本章采用 DEA 方法就保税港区对腹地经济的拉动作用效率情况进行评价。但在具体研究时，还有一个问题需要解决，即投入指标和产出指标各自的信息重叠问题。采用 DEA 模型进行效率评价，要确定决策单元的投入指标和产出指标，一般应遵循科学性、合理性，并考虑到数据的可得性，以尽可能少的数据指标代表较多的信息。

第二节　DEA 模型的分析框架

一　DEA 模型的建立

本书对保税港区腹地经济的拉动效应的效率进行研究时，主要采用 DEA 方法，其基本分析框架如下。

在 DEA 模型中，要进行效率评价的单位称为决策单元（Decision Making Unit，DMU），这些决策单元应当能够确定出投入变量和产出变量，并具有相同的投入产出结构。设每个决策单元的投入指标和产出指标分别为 m 种和 s 种，则第 j 个决策单元 DMU_j 的投入指标向量为 $x_j = (x_{1j}, x_{2j}, \cdots, x_{mj})^T$，产出指标向量为 $y_j = (y_{1j}, y_{2j}, \cdots, y_{sj})^T$。其中，$x_{ij}$（$i=1, 2, \cdots, m$）为第 j 个单元的第 i 种投入指标的投入量；y_{kj}（$k=1, 2, \cdots, s$）为其第 k 种产出指标的产出量。这样，对于所有决策单元来讲，投入指标可以用矩阵表示为 $X = (x_1, x_2, \cdots, x_n)$；产出指标可以用矩阵表示为 $Y = (y_1, y_2, \cdots, y_n)$。

现欲对某个决策单元 DMU_0 进行效率评价，CCR 模型的表示形式为：

$$\begin{cases} \max: \eta_C + \varepsilon(e^T t^- + e^T t^+) \\ s.\,t. \\ x_0 - t^- = X\mu \\ \eta_C y_0 + t^+ = Y\mu \\ \mu, \ t^-, \ t^+ \geqslant 0 \end{cases} \quad (6.1)$$

其中，η_C 为 DMU_0 的综合技术效率，μ 为权重系数；t^- 和 t^+ 分别为投入和产出指标的松弛变量向量；e 是分量为 1 的列向量；ε 为非阿基米德无穷小量，在计算中取正的无穷小。

CCR 模型用来评价决策单元的综合技术效率，是在规模报酬不变的假定下得到的。在引入凸性假设 $e^T\mu = 0$ 后得到 BCC 模型，它仅仅用来评价 DMU_0 的纯技术效率。即：

$$\begin{cases} \max: \eta_B + \varepsilon(e^T t^- + e^T t^+) \\ s.\,t. \\ x_0 - t^- = X\mu \\ \eta_B y_0 + t^+ = Y\mu \\ e^T\mu = 0 \\ \mu, \ t^-, \ t^+ \geqslant 0 \end{cases} \quad (6.2)$$

其中，η_B 为 DMU$_0$ 的纯技术效率值；μ 为权重系数；t^- 和 t^+ 为投入、产出松弛变量，分别为 m 维和 s 维的列向量；e 是分量为 1 的列向量；ε 为非阿基米德无穷小量，在计算中取正的无穷小。

二　模型的基本含义

CCR 模型和 BCC 模型是 DEA 分析中最基本的两个模型，它们各自有独立的含义。将二者结合起来，能够得到更加丰富的内涵。CCR 模型的效率值 η_C 反映了 DMU$_0$ 的综合技术效率水平，并且 $0 \leqslant \eta_C \leqslant 1$。当 $\eta_C = 1$ 且松弛变量 $t^- = 0$ 和 $t^+ = 0$ 时，该决策单元 DMU$_0$ 达到了综合技术效率有效的状态，可称为 CCR 有效；若 $\eta_C = 1$ 而松弛变量不全为 0，此时该决策变量为弱有效，虽然效率值 η_C 为 1，但各投入变量和产出变量仍有可调整的空间。若 $\eta_C < 1$，则该决策单元 DMU$_0$ 没有达到综合技术效率有效的状态，即为 CCR 无效。CCR 模型可以测算决策单元的综合技术效率情况，但由于 CCR 模型存在规模报酬不变的假设，因此，它并不能将纯技术效率和规模效率区分开来，这样对于处于 CCR 无效的决策单元，并不能区分这种无效是来自纯技术无效还是规模无效。

BCC 模型对 μ 的取值进行了限制，增加了约束条件 $e^T\mu = 0$。这样，BCC 模型就可以用来测算决策单元的纯技术效率。当 $\eta_B = 1$ 且各松弛变量 $t^- = 0$ 和 $t^+ = 0$ 时，该决策单元达到最佳状态，为纯技术有效；否则为纯技术无效。

综合技术效率得分 η_C 与纯技术效率得分 η_B 的比值即为规模效率，记为 $SE = \eta_C / \eta_B$，当 $SE = 1$ 时，该决策单元的规模效率达到有效状态，即 DMU$_0$ 的投入产出规模达到最优状态。

DEA 模型还可以给出无效决策单元的改进方向与措施。根据各决策单元在有效前沿面上的投影，可以通过调整决策单元的投入产出水平，使决策单元达到有效状态。以 CCR 模型为例，当决策单元处于 CCR 无效状态时，表明该决策单元的投入与产出状况是技术无效的，它可以参照其在有效前沿面上的投影，在投入不变的情况下同比重扩大产出或在产出不变的情况下同比重减少投入，这样就可以提升其效率至有效前沿面水平；然后可参照各变量的松弛变量情况分别调整投入或产出的相应指标值，以达到 CCR 有效。

三　使用 DEA 模型时需要注意的问题

从理论上讲，使用 DEA 模型进行效率评价时，对指标和数据没有特别的要求。但许多学者在实践中发现，若要取得较好的评价效果，在使用 DEA 模型时应当注意以下两个方面：

（1）进行评价的决策单元数量不应太少，指标变量的个数不应太多。这是由于 DEA 模型是对决策单元进行相对效率评价，若选取的指标个数太多，某个决策单元可能在大部分指标上表现不好，但如果在某一个指标上表现突出就有可能达到 DEA 有效。这样就使评价结果难以对运行效率情况进行有效区分，降低了模型的应用价值及区分度。所以，为了达到较好的使用效果，在实践中，一般选取的指标总数量以不超过决策单元数量的一半为宜（Banker and Cooper，1984）。

（2）在使用 DEA 模型中，绝对数量指标和相对数量指标不宜混合使用，否则会影响到评价结果的可靠性与稳定性。因此，若选取的指标既有绝对数量指标又有相对数量指标，应设法采取一定的措施进行处理，以保证得到可靠、稳定的实证结果（Dyson et al.，2001）。

第三节　保税港区拉动效率的评价指标体系

在对保税港区拉动效率进行评价之前，需要建立评价指标体系。具体到 DEA 模型而言，需要首先确定输入指标与输出指标体系。本章研究保税港区对腹地经济的拉动效率情况，由于保税港区数据有限，所以将保税区的指标设定为输入指标，将腹地经济指标设定为输出指标。承接第四章的研究，本章仍然使用在第四章分析中所使用的指标体系（见表 6-1）。

在 DEA 模型中，对于输入指标和输出指标的选取一般应遵循科学性、合理性，并考虑到数据的可得性，尽可能以较少的数据指标代表较多的信息。同时，由于经过合并以后保税区的数量仅有 9 个，即决策单元的数量为 9 个。而若直接采用其中的全部指标，则指标数量将达到 11 个（保税区 4 个指标，腹地经济 7 个指标），超过了决策单元的数量。因此，应当从上述 11 个指标当中进行合理取舍，以符合 DEA 模型的要求。

表6-1　　　　　　　　保税区与腹地经济指标体系

保税区经济指标	腹地经济指标
增加值（亿元）	GDP（亿元）
货运总量（万吨）	财政收入（亿元）
实际进出口额（万美元）	进出口总额（万美元）
税收总额（亿元）	第三产业增加值占 GDP 比重（%）
	城镇调查就业率（%）
	城乡居民人均加权收入（元）
	高技术产业产值占工业总产值比重（%）

一　保税区指标（输入指标）的选取

本章研究的保税区的经济指标共 4 个，分别是增加值、货运总量、实际进出口额和税收总额。其中，货运总量反映的是保税区物资流通的状况，以实物量单位"万吨"表示；其余 3 个指标均为价值量指标，且存在较强的相关性。其中，实际进出口额是直接用于衡量保税区进出口量的一个价值量指标，增加值和税收总额则是较为间接地反映保税区业务量的指标。本书认为，在进行效率分析时应当选取能够直接反映保税区的运行状况的指标，因此选取货运总量和实际进出口额作为保税区的输入指标（见表 6-2）。

二　腹地经济指标（输出指标）的选取

与保税区相比，腹地经济指标较多，达到 7 个。第五章的研究中，本书已经将保税港区对腹地的拉动效应归纳为经济增长效应、成本节约效应、社会发展效应和技术进步效应，但成本节约效应的数据难以获取，因此所选取的这 7 个指标并不包含反映成本节约效应的指标。

从经济增长效应看，有 3 个指标涉及经济增长方面，包括 GDP、财政收入和进出口总额。这 3 个指标具有较强的相关性，但就与保税区的相关程度上看，进出口总额是受保税区影响最大的指标。因此，本书在经济增长效应方面选择进出口总额指标。

在社会发展效应方面，有 3 个指标涉及社会发展方面，包括第三产业增加值占 GDP 比重、城镇调查就业率和城乡居民人均加权收入。考虑到保税区的各项功能如仓储物流、对外贸易、检测和维修等业务较多，属于第三产业范畴，因此，在腹地经济指标方面选择第三产业增加值占 GDP 比重。

在技术进步效应方面，仅有 1 个指标，即高技术产业产值占工业总产值比重，因此选择该项指标反映技术进步效应。

经过上述筛选之后，在腹地经济方面共筛选出 3 个指标，各指标数据情况见表6－3。

表6－2　　　　　　　2007—2009 年保税区经济指标

年份	保税区	货运总量（万吨）	实际进出口额（万美元）
2007	天津港保税区	0.00	940130.30
	大连保税区	2650.00	197907.70
	上海外高桥保税区	704.30	5499845.00
	张家港保税区	930.63	196447.90
	宁波保税区	367.00	311573.40
	福建省保税区	103.74	313162.80
	青岛保税区	169.66	243875.30
	广东省保税区	732.59	5100682.00
	海口保税区	1.00	9167.19
2008	天津港保税区	0.00	1123224.00
	大连保税区	3120.00	225085.20
	上海外高桥保税区	627.00	6007889.00
	张家港保税区	998.00	2192964.00
	宁波保税区	378.00	349372.60
	福建省保税区	72.00	277642.70
	青岛保税区	163.00	344419.10
	广东省保税区	436.00	5070078.00
	海口保税区	1.00	13043.08

续表

年度	保税区	货运总量（万吨）	实际进出口额（万美元）
2009	天津港保税区	0.00	891840.20
	大连保税区	3500.00	235439.10
	上海外高桥保税区	589.00	5196824.00
	张家港保税区	1066.00	226971.80
	宁波保税区	557.00	369286.80
	福建省保税区	44.00	217141.00
	青岛保税区	126.00	317898.80
	广东省保税区	215.00	3974355.00
	海口保税区	1.00	13199.60

表6－3　　　2007—2009 年保税区所在省份经济指标 单位：万美元、%

年份	省份	进出口总额	第三产业增加值占 GDP 比重	高技术产业产值占工业总产值比重
2007	天津市	7556368.80	40.50	22.10
	辽宁省	6518010.90	36.60	5.54
	上海市	27387026.50	52.60	25.19
	江苏省	37224746.40	37.40	18.26
	浙江省	19919912.30	40.70	8.04
	福建省	7528996.00	40.00	14.49
	山东省	14080118.20	33.40	6.40
	广东省	65241397.00	43.30	27.47
	海南省	707232.20	40.70	3.90
2008	天津市	8690306.00	37.90	15.97
	辽宁省	8216385.00	34.50	4.80
	上海市	31388271.00	53.70	24.05
	江苏省	43046700.00	38.10	17.42
	浙江省	24440735.00	41.00	7.46
	福建省	8671960.00	39.30	13.24
	山东省	18764359.00	33.40	6.54
	广东省	71777681.00	42.90	25.88
	海南省	959046.00	40.20	4.32

续表

年份	省份	进出口总额	第三产业增加值占 GDP 比重	高技术产业产值占工业总产值比重
2009	天津市	7203488.00	45.30	14.46
	辽宁省	6984732.00	38.70	4.36
	上海市	27332902.00	59.40	23.08
	江苏省	36593194.00	39.60	17.59
	浙江省	21071173.00	43.10	6.67
	福建省	8123952.00	41.30	11.89
	山东省	16352216.00	34.70	6.55
	广东省	63198852.00	45.70	25.49
	海南省	848318.00	45.30	5.94

第四节　保税港区对腹地经济拉动效率分析

本部分针对保税港区对腹地经济的拉动效率情况进行评价分析，具体过程从两个角度展开：一是将每年的运行效率情况单独进行分析，这是从静态角度展开；二是将各年保税港区的数据混合在一起，即将每年各保税港区均作为一个独立的决策单元进行分析，这样可以从动态角度把握保税区运行效率的变化情况。

本部分所有实证工作均采用 DEA Solver 软件完成运算，数据采用 2007—2009 年各保税区数据。

一　2007 年保税区对腹地经济拉动效率分析

经采用 DEA Solver 软件测算，2007 年保税区运行的效率结果情况如表 6-4 所示。

根据表 6-4 中的数据，依据综合技术效率情况，将 2007 年 9 个保税区的效率进行划分，结果如表 6-5 所示。

表 6－4　　　　2007 年保税区对腹地经济拉动效率得分

序号	保税区	综合技术效率 η_C	纯技术效率 η_B	规模效率 SE
1	天津港保税区	1.000	1.000	1.000
2	张家港保税区	1.000	1.000	1.000
3	海口保税区	1.000	1.000	1.000
4	青岛保税区	0.632	1.000	0.632
5	宁波保税区	0.620	1.000	0.620
6	福建省保税区	0.291	1.000	0.291
7	大连保税区	0.194	0.197	0.988
8	广东省保税区	0.164	1.000	0.164
9	上海外高桥保税区	0.064	1.000	0.064
	效率均值	0.552	0.911	0.640

表 6－5　　　　2007 年保税区综合技术效率分布情况

效率值 η_C	保税区数量（个）	比重（％）	效率状态评价
$\eta_C = 1$	3	33.3	有效
$0.552 \leqslant \eta_C < 1$	2	22.2	轻度无效
$\eta_C < 0.552$	4	44.4	重度无效

可以看出，2007 年保税区效率均值为 0.552，处于中等水平。其中综合技术效率值为 1.000，即处于有效状态的保税区有 3 个，仅占保税区总数的 33.3%；综合技术效率轻度无效，即效率值小于 1.000 但大于均值的保税区有 2 家，占到 22.2%；另有 4 家保税区处于重度无效状态，占到 44.4%。可见，虽然从总体上看保税区的效率均值尚可，但不同保税区之间效率值差别较大，特别是重度无效的保税区数量将近一半，这种现象需要引起足够的重视。

结合综合技术效率、纯技术效率和规模效率 3 种情况，可以将保税区分成三类：

第一类保税区为综合技术效率有效的保税区，包括天津港保税区、张家港保税区和海口保税区，这 3 个保税区的综合技术效率、纯技术效率及规模效率值均为 1.000，达到了综合技术有效状态，同时纯技术效率和规模效率也是有效状态。这表明，与其他保税区相比，这3个保税区对腹地经济的拉动作用是效率最高的，在保税区既定投入水平下拉动腹地经济取得了最高的产出。

第二类保税区为综合技术效率无效但纯技术效率有效的保税区，包括青岛保税区、宁波保税区、福建省保税区、广东省保税区及上海外高桥保税区。这5个保税区综合技术效率均处于无效状态，但纯技术效率值为1.000，处于有效状态。但这5个保税区的规模效率均小于1.000，表明这5个保税区综合技术效率无效的根源在于规模效率不高。对于这5个保税区而言，还应当在保税区的规模上加以改进，适当调整投入产出规模，有效地提升保税区对腹地的拉动效率。

第三类保税区为综合技术效率、纯技术效率和规模效率均处于无效状态的保税区，只包括大连保税区。2007年，大连保税区的综合技术效率仅为0.194，纯技术效率仅为0.197，这两方面的效率值均较低；其规模效率相对较高，为0.988。表明大连保税区综合技术效率无效既来自纯技术效率方面，也来自规模效率方面，相比而言规模无效的程度更加严重。对于这类保税区，要提高其效率水平，一方面应在投入产出的合理搭配上努力，以提高纯技术效率水平；另一方面也应适当调整投入产出规模，以促进规模效率的提升。

二　2008年保税区对腹地经济拉动效率分析

经采用DEA Solver软件测算，2008年保税区运行的效率结果情况如表6－6所示。

表6－6　　　　　　　2008年保税区对腹地经济拉动效率得分

序号	保税区	综合技术效率	纯技术效率	规模效率
1	天津港保税区	1.000	1.000	1.000
2	海口保税区	1.000	1.000	1.000
3	宁波保税区	0.951	1.000	0.951
4	青岛保税区	0.741	1.000	0.741
5	大连保税区	0.496	0.520	0.955
6	福建省保税区	0.425	1.000	0.425

续表

序号	保税区	综合技术效率	纯技术效率	规模效率
7	张家港保税区	0.267	1.000	0.267
8	广东省保税区	0.193	1.000	0.193
9	上海外高桥保税区	0.071	1.000	0.071
	效率均值	0.572	0.947	0.623

根据表6-6中的数据，依据综合技术效率情况，将2008年9个保税区的效率进行划分，结果如表6-7所示。

表6-7 2008年保税区综合技术效率分布情况

效率值 η_C	保税区数量（个）	比重（%）	效率状态评价
$\eta_C = 1$	2	22.2	有效
$0.572 \leqslant \eta_C < 1$	2	22.2	轻度无效
$\eta_C < 0.572$	5	55.6	重度无效

可以看出，2008年保税区效率均值为0.572，仍处于中等水平。其中综合技术效率值为1.000，即处于有效状态的保税区有2个，仅占保税区总数的22.2%；综合技术效率轻度无效，即效率值小于1.000但大于均值的保税区有2家，也占到22.2%；另有5家保税区处于重度无效状态，占到55.6%。与2007年相比，虽然效率均值有所提升，但不同保税区之间效率值差别在扩大，特别是2008年重度无效的保税区数量超过了一半，个别保税区效率状况有所恶化。

结合综合技术效率、纯技术效率和规模效率情况，可以将2008年保税区效率情况分成三类：

第一类保税区为综合技术效率有效的保税区，包括天津港保税区和海口保税区。这2个保税区综合技术效率、纯技术效率及规模效率值均为1.000，达到了综合技术有效状态，同时纯技术效率和规模效率也是有效状态。这表明，与其他保税区相比，这2个保税区对腹地经济的拉动作用是效率最高的，在保税区既定投入水平下拉动腹地经济取得了最高的产出。

第二类保税区为综合技术效率无效但纯技术效率有效的保税区，包括青岛保税区、宁波保税区、福建省保税区、张家港保税区、广东省保税区及上海外高桥保税区。这6个保税区综合技术效率均处于无效状态，但纯技术效率值为 1.000，处于有效状态。但这6个保税区的规模效率均小于 1.000，表明这6个保税区综合技术效率无效的根源在于规模效率不高。与 2007 年相比，此类保税区的数量增加了1个，即张家港保税区由 2007 年的综合技术效率有效转变为 2008 年的综合技术效率无效，表明张家港保税区 2008 年对腹地经济的拉动作用有所下降。

第三类保税区为综合技术效率、纯技术效率和规模效率均处于无效状态的保税区，仍然是仅包括大连保税区。2008 年，大连保税区的综合技术效率与纯技术效率分别为 0.496 和 0.520，较 2007 年有所提升；但规模效率为 0.955，较 2007 年有所下降。这表明，大连保税区在纯技术效率和规模效率上仍有较大的提升空间。

三 2009 年保税区对腹地经济拉动效率分析

经采用 DEA Solver 软件测算，2009 年保税区运行的效率结果情况如表 6-8 所示。

根据表 6-8 中数据，依据综合技术效率情况，将 2009 年 9 个保税区的效率进行划分，得到效率分布情况如表 6-9 所示。

表 6-8 　　　　　2009 年保税区对腹地经济拉动效率得分

序号	保税区	综合技术效率	纯技术效率	规模效率
1	天津港保税区	1.000	1.000	1.000
2	张家港保税区	1.000	1.000	1.000
3	海口保税区	1.000	1.000	1.000
4	青岛保税区	0.725	1.000	0.725
5	宁波保税区	0.605	1.000	0.605
6	福建省保税区	0.559	1.000	0.559
7	广东省保税区	0.330	1.000	0.330

序号	保税区	综合技术效率	纯技术效率	规模效率
8	大连保税区	0.208	0.212	0.980
9	上海外高桥保税区	0.081	1.000	0.081
	效率均值	0.612	0.912	0.698

表6-9　　　　　　　　　　2009年保税区综合技术效率分布情况

效率值 η_C	保税区数量（个）	比重（%）	效率状态评价
$\eta_C = 1$	3	33.3	有效
$0.612 \leqslant \eta_C < 1$	1	11.1	轻度无效
$\eta_C < 0.612$	5	55.6	重度无效

可以看出，2009年保税区效率均值为0.612，仍处于中等水平。其中综合技术效率值为1.000即处于有效状态的保税区有3个，仅占保税区总数的33.3%；综合技术效率轻度无效，即效率值小于1.000但大于均值的保税区有1家，也占到11.1%；另有5家保税区处于重度无效状态，占到55.6%。虽然从效率均值上看，2009年均值较2007年和2008年有所提升，但保税区的效率值之间仍然存在较大的差距，重度无效的保税区数量仍然超过一半。

结合综合技术效率、纯技术效率和规模效率，可以将2009年保税区效率情况分成三类：

第一类保税区为综合技术效率有效的保税区，包括天津港保税区、张家港保税区和海口保税区3个保税区，这3个保税区综合技术效率、纯技术效率及规模效率值均为1.000，达到了综合技术效率有效状态，同时纯技术效率和规模效率也是有效状态。这表明，与其他保税区相比，这3个保税区对腹地经济的拉动作用是效率最高的，在保税区既定投入水平下拉动腹地经济取得了最高的产出。

第二类保税区为综合技术效率无效但纯技术效率有效的保税区，包括青岛保税区、宁波保税区、福建省保税区、广东省保税区及上海外高桥保税区5个保税区。这5个保税区综合技术效率均处于无效状态，但纯技术效率值为1.000，处于有效状态。但这6个保税区的规模效率均小于1.000，表明这6个保税区综合技术效率无效的根源在于规模效率不高。

第三类保税区为综合技术效率、纯技术效率和规模效率均处于无效状态的保税区，仍然是仅包括大连保税区。2009年，大连保税区的综合技术效率与纯技术效率分别为0.208和0.212，较2008年有所恶化；但规模效率为0.980，较2008年有所提升。总之，大连保税区在纯技术效率和规模效率上仍需进一步改进。

四　2007—2009年保税区对腹地经济拉动效率的动态分析

以上的效率分析是将2007—2009年按每一年度分开进行效率对比分析，此分析角度可以较详细地考察每一年度各个保税区的效率对比情况，但却难以把握三年来保税区对腹地经济拉动效率的变化趋势。并且，各自年度内保税区的有效前沿面不同，因此各保税区在3个年度内的效率得分并不能进行简单的直接对比。为了考察保税区对腹地经济的拉动效率在三年内的变化情况，本部分将保税区每一年的状态均作为一个决策单元，即将保税区三年的输入输出指标数据放在一起采用DEA模型进行效率评价，这样9个保税区在三年内共27个决策单元就具有了相同的有效前沿面，因此得到的DEA效率得分是可以进行直接比较的，能够对各保税区的效率变化情况进行动态对比分析。这样经过DEA模型运算后的各保税区2007—2009年综合技术效率分布情况见表6-10，具体效率情况见表6-11。

表6-10　　　　2007—2009年保税区综合技术效率分布情况

效率值 η_C	保税区数量（个）	比重（%）	效率状态评价
$\eta_C = 1$	6	22.22	有效
$0.530 \leqslant \eta_C < 1$	7	25.93	轻度无效
$\eta_C < 0.530$	14	51.85	重度无效

结合表6-10和表6-11可以看出，2007—2009年三年间，各保税区综合技术效率的均值为0.530。其中，有6个决策单元的效率值

为1，达到综合技术效率有效状态，占到总决策单元数量的22.22%，它们既是纯技术效率有效又是规模效率有效；有7个决策单元的效率值介于均值0.530与1.000之间，占到总决策单元数量的25.93%，它们属于轻度无效状态；其余14个决策单元为重度无效状态，占到总决策单元数量的51.85%，超过了一半。可见，虽然这三年中9个保税区形成的27个决策单元总的效率均值为0.530，处于中游水平，但是各保税区在不同年度的效率差异较大，超过一半的决策单元处于重度无效状态。

表6-11　　　2007—2009年保税区对腹地经济拉动效率得分

序号	保税区	年份	综合技术效率	纯技术效率	规模效率
1	天津港保税区	2007	1.000	1.000	1.000
2	天津港保税区	2008	0.958	1.000	0.958
3	天津港保税区	2009	1.000	1.000	1.000
4	大连保税区	2007	0.194	0.197	0.988
5	大连保税区	2008	0.208	0.212	0.984
6	大连保税区	2009	0.175	0.176	0.995
7	上海外高桥保税区	2007	0.064	1.000	0.064
8	上海外高桥保税区	2008	0.068	0.777	0.088
9	上海外高桥保税区	2009	0.068	1.000	0.068
10	张家港保税区	2007	1.000	1.000	1.000
11	张家港保税区	2008	0.229	0.624	0.367
12	张家港保税区	2009	0.855	1.000	0.855
13	宁波保税区	2007	0.620	0.865	0.717
14	宁波保税区	2008	0.694	1.000	0.694
15	宁波保税区	2009	0.514	1.000	0.514
16	福建省保税区	2007	0.291	1.000	0.291
17	福建省保税区	2008	0.387	1.000	0.387
18	福建省保税区	2009	0.471	1.000	0.471
19	青岛保税区	2007	0.632	0.929	0.68
20	青岛保税区	2008	0.634	1.000	0.634
21	青岛保税区	2009	0.611	1.000	0.611

续表

序号	保税区	年份	综合技术效率	纯技术效率	规模效率
22	广东省保税区	2007	0.164	1.000	0.164
23	广东省保税区	2008	0.190	1.000	0.19
24	广东省保税区	2009	0.293	1.000	0.293
25	海口保税区	2007	1.000	1.000	1.000
26	海口保税区	2008	1.000	1.000	1.000
27	海口保税区	2009	1.000	1.000	1.000
效率均值			0.530	0.881	0.630

（一）保税区综合技术效率的变动分析

为了更加清楚地看到各保税区不同年份之间的效率变动情况，将保税区各年效率值变动情况做成柱状图（见图6-1）。

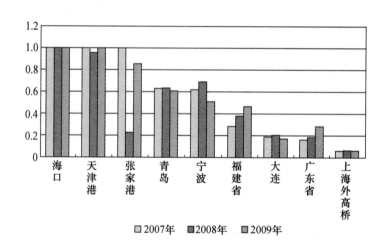

图6-1 2007—2009年保税区综合技术效率

从图6-1可以看出，各保税区的效率值在三年内大体稳定，仅有张家港保税区三年的综合技术效率值变动较大，2007年处于有效状态，2009年效率值虽低于1.000但也相对较高，而2008年其效率值仅为0.229，处于重度无效状态。

从横向比较看，各保税区之间的效率变动情况存在较大差异，其中海口、天津港保税区三年的综合技术效率较高，除天津港在2008年效率值为0.958（轻度无效）之外，其余时间两个保税区均处于有效状态；青岛、宁波和福建省保税区各年综合技术效率值为0.3—0.7，大体处于中游水平；而大连、广东省和上海外高桥保税区三年的效率值则较低，处于重度无效状态。

需要着重指出的是，广东省及上海外高桥保税区综合技术效率十分低下，而这两者处于我国经济最发达的地区，其保税区对腹地经济的拉动效率并不高，这似乎与人们的认识并不相符。笔者认为，造成这种现象的原因可能是由于广东及上海的经济十分发达，而发达的经济是多种综合因素共同作用形成的，如人力、资本投入等，面对腹地如此宏大的经济总量，保税区在其中发挥的作用非常有限，因此使得效率值较低。而对于经济中等发达或欠发达地区，保税区的设立对当地经济会具有明显的推动作用，这一点在各年度的相对效率中均有所体现。

（二）保税区纯技术效率和规模效率的变动分析

为了更加清楚地看到各保税区不同年份之间的纯技术效率和规模效率变动情况，将保税区各年纯技术效率值和规模效率变动情况分别做成柱状图，如图6-2和图6-3所示。

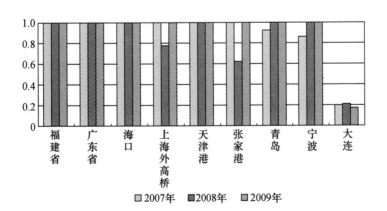

图6-2　2007—2009年保税区纯技术效率

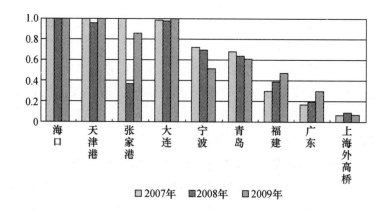

图 6 - 3 2007—2009 年保税区规模效率

在纯技术效率方面，从图 6 - 2 可以看出，除大连外，大部分保税区在纯技术效率上得分都较高，仅有青岛、宁波在 2007 年，张家港、上海外高桥在 2008 年的纯技术效率无效，其余保税区在各年份均是纯技术效率有效的。

在规模效率方面，从图 6 - 3 可以看出，仅有海口、天津港、大连保税区的规模效率较高且较稳定，效率值为 1 或接近于 1；张家港保税区的规模效率变动较大，在 2007 年效率值为 1，2008 年则效率值较低；宁波、青岛、福建省保税区各年规模效率基本为 0.3—0.7，处于中游水平；而广东省和上海外高桥保税区的规模效率较低。特别是上海三年内的规模效率值均低于 0.1，与其他保税区相比非常低下。

第五节　DEA 模型效率评价结论

通过 DEA 模型对各保税区 2007—2009 年的综合技术效率、纯技术效率和规模效率的分析，关于各保税区对腹地经济拉动效率情况可以得出以下结论：

（1）从综合技术效率看，三年间保税区总体效率尚可，无论是单独某一年的效率值还是三年混合效率值，大体在 0.5—0.65，处于中游水平，但各保税区之间的效率差异较大。从变动趋势看，各保税区三年内的效率值大体稳定。

（2）综合技术效率无效的保税区，其效率低下原因主要是规模效率无效。总体上看，在综合技术效率无效的保税区中，除大连外其余保税区各年的纯技术效率都较高，但规模效率较低，表明大部分保税区效率低下的原因主要是规模无效。因此，提升保税区的综合技术效率应当主要在调整保税区的规模上，各保税区可根据自身情况找出薄弱的环节以采取有针对性的措施。

（3）与经济发达地区相比，经济水平中等或欠发达地区的保税区对腹地经济的拉动效率往往更高。上述研究表明，广东和上海作为我国经济最发达的地区，其保税区的效率并不高，两个省份的保税区仅在纯技术效率方面处于有效状态，而综合技术效率和规模效率均较低且均处于最低的水平。对于这些地区来讲，由于腹地庞大的经济总量，保税区对腹地经济的拉动作用可能非常有限；恰恰相反，这些地区保税区的发展更多的是来自腹地经济发展对保税区的旺盛需求，即与保税区对腹地经济的拉动作用相比，腹地经济对保税区的发展具有更强的推动作用。

第七章　促进我国保税港区
发展的政策空间

第一节　我国保税港区发展的制约因素分析

我国保税港区的发展受到功能结构、资金投入和落实力度、地理位置和腹地经济等因素的影响。

一　功能结构

通过前几章数据对比后，我们可以发现国内各个保税区在货运总量的指标数值有明显差别。货运总量指标，首先表示的是保税区货运仓储的储备能力。散襄军指出：在经济发展要求高附加值的新时代下，一味地追求高仓储量，而忽视技术进步带来的高速发展是不合时宜的。我国保税港区的发展目标是建立中国自己的自由贸易区。自由贸易区具有明确的体现聚集与扩散的区域功能，如转口贸易、出口加工、仓储展示、商品简单处理加工、物流分拨以及金融等服务功能，或突出某一单独功能，或集多种功能于一体。中国保税港区在功能开发方面不够完善，与自由贸易区有较大差距。我国保税区最初建立的功能定位是"仓储、转口贸易和简单的加工装配"，实际上就是我们今天讲的物流功能。这与经济技术开发区、高新技术园区、出口加工区、边境经济合作区等特殊经济区是有较为明确的分工的。但在实践中，我国保税港区基本上都发展了以出口加工和进出口贸易为主的功能，在很大程度上形成了与出口加工区、经济技术开发区等相雷同的功能，而仓储分拨、配送、货运、展示、转口贸易等物流业功能则远远没有得到发挥，保税港区没有凸显出自身的独特性。

由于设立的保税区过多，各个保税区所在地的产业基础和区位条件差别很大，保税区之间的发展不平衡。许多保税区的运行状况不尽如人意。运营状况较好的保税区主要依靠出口加工业和进口仓储分拨，而口岸贸易、转口贸易、出口仓储和物流加工等产业没有得到很好的发展（"中国保税区转型的目标模式研究"课题组等，2003）。

针对我国特殊国情下的保税（港）区的目标定位应该是以自由港为核心的自由贸易区。而以自由港为核心的自由贸易区的功能总体要求是：实行区港一体，在区内实行自由港的某些政策，以口岸国际物流业为核心功能，发展贸易、海运、理货、海运代理、货代、仓储、商展、信息、金融等业务，为进出口贸易、国际转口贸易提供便利、优质和低成本的物流服务，促进我国沿海几个集装箱大港发展成为国际中枢港口。

二　资金投入和落实力度

中国在 1979 年打开了欢迎外商直接投资的大门，中国经济从此走上了逐步融入世界经济的大道。外商直接投资对我国国民经济产生了深刻影响。外商投资企业占全国固定资产投资的比重从 20 世纪 80 年代不到 4% 上升到 90 年代后半期的 14% 上下，提高了 10 个百分点。

保税港区作为我国对外开放进程中的特殊区域，不仅是外资广泛关注的焦点，而且是高新技术产业发展的基地之一，已有多家跨国公司在各地保税港区内进行投资或是追加投资，形成了资金规模效应。从参考的相关文献中，首先可以得出的结论是，保税港区的经济运行与资金利用，尤其是与外资利用有着正相关的关系，各个保税港区的外资依存度均远远高于其他类型的经济特区。所以，外资是保税港区经济增长的基本源泉。但是，各个保税港区的管理体制尚未统一化，对于资金的进入标准、资金的利用考核标准还没有国家统一化，未能实现资金的进出利用自由，没有完全发挥资金在保税港区发展过程中应该起到的重要推动作用。

在构建分析模型时，本书曾将保税港区的投资总额、合同利用外资、实际利用外资和固定资产投资额整合为资金投入变量。从模型结果我们也可以看出，各个保税港区在综合绩效评估中的排名并不与其在资金投入方面的排名完全一致。同时，参考实际值与效率目标值的对比分析，可以看出，2007—2009 年普遍存在实际值远远高于目标期望值的现象。因此，我们可以推断出，在保税港区的资金投入过程中，存在资金落实不到位和资金利用度不高的情况。

三　地理位置

在地理位置方面，我国保税港区大多设在我国东部沿海的 9 个省和直辖市。但在各省市的分布情况有差别。一般是一个省市建 1 个，但福建有 2 个，广东更多。保税区的这种分布状况反映出三个基本事实：其一是中央在开放区位布局、港口城市外向型经济发展的战略考虑，以便使之在全国进一步对外开放中发挥更大的作用；其二是分布于保税（港）区的母城与以往较为突出的开放业绩有关；其三是分布格局与各沿海开放城市和中央的政治博弈能力有关，这或许是形成各个保税（港）区布局的原因所在。所以，在既有的优良发展投资环境下，保税（港）区的发展效率与所在地理位置息息相关。因此我们也可以推断出，保税（港）区的发展模式还是大部分依托于自身所处的得天独厚的地理位置，刚刚进入其所带动的区域经济显著增长的阶段，其促进地区高速发展的优势尚未完全体现。

四　腹地经济

刘恩专（1999）指出，保税区主要是通过其独特的功能和极富活力的贸易与物流产业群，来影响城市经济力量的内在传导机制，最终诱发和促进城市经济的增长，并对母城、毗邻地区和腹地的产业结构优化、贸易发展、就业增加和收入提高等发挥了重要的推动作用。具体说来，随着贸易、物流、出口加工等主体功能的逐步完善和主导产业群的日益壮大，保税（港）区对城市及其所在的港口和滨海区的相关产业发展将起到极大的促进作用。其中，与港口相关的活动，以贸易和物流为核心的第三产业，以及国际化程度较高的制造业活动是最大的受益者，这些主导产业的扩大又派生出了一系列新的产业活动。原有产业的扩大和新产业的出现，一方面通过投资所形成的初级乘数效应,刺激以贸易、物流和加工业为核心的外向型产业群在整个城市的繁荣与发展,再经由产业的前向关联和后向关联效应使保税(港)区的利益惠及更多的第三产业和第二产业;另一方面新派生或诱发出来的各种需求又会进一步拉动城市商贸、金融保险、房地产、交通运输、餐饮娱乐、信息和商业服务等第三产业的发展。与保税(港)区业务相关产业在整个城市的繁荣,还会刺激和带动众多非相关产业的发展,产生二级乘数效应。与保税(港)区高度开放的自由贸易氛围相联系,这种增长机制还会产生一种最具实质意义的"学习"和创新效应,即外商投资企业的技术知识外形成的中外客商云集的竞争格局;促使所有保税(港)区企业努力创新、完善经营。这一切都会给区域经济注入持久的活力。

五 区域经济

依据之前 DEA 分析的结果,我们将东部沿海地区的保税(港)区按照所处的经济发展区域分为环渤海地区、长三角地区、福建和广东地区。可以看出,以上海为代表的长三角地区的保税(港)区的区域经济特点是:经济规模大,经济发展水平高,综合经济实力优势显著,大多数经济指标远远高于其他各类保税(港)区。以天津为代表的环渤海地区的保税(港)区发展特点是:经济规模较大,经济发展水平较高,综合经济实力较强,多数指标明显高于福建和广东地区的个别保税(港)区。而福建和广东地区保税(港)区的发展特点是:经济发展水平低,规模小,综合经济实力差,投资状况和投资效益差,大多数经济指标较低。

无论是从总效率、技术效率、规模效率分析,还是对比实际值与目标值的差距,上海外高桥保税区和天津港保税(港)区发展水平都位居前列且明显高于对其他保税区的评价结果。尤其是上海外高桥保税区,又远远高于处于第二位的天津港保税区。这是因为上海外高桥保税区是我国第一个规模最大、启动最早的保税区,凭借着上海在中国的经济、金融和贸易中心的地位,相比其他几个保税区,有着得天独厚的优势。同时,在管理体制和政策措施方面,上海外高桥保税区也走在了其他保税区的前面,所以,上海外高桥保税区仍然具有十分乐观的发展前景。

从总体上看，我国的保税（港）区的发展水平还不高，各个区域协动关系较弱，相互之间发展水平参差不齐，发展很不均衡。

第二节　我国保税港区转型为自由贸易区的必要性

一　自由贸易区是中国保税港区制度变迁的必然结果

通过第五章对我国保税港区交易效率的分析与实证检验，得到的结论是：交易效率是影响一国或地区分工水平和经济增长的关键因素，不同的交易效率水平决定了不同的经济发展水平。自由贸易区以其坚实的法律保障制度、高效的管理体制和便捷的交通运输设施，极大地提高了自由贸易区的交易效率，为设区国带来了持续的经济增长。同时，自由贸易区成功的制度安排也为保税港区的制度创新树立了方向。而中国保税港区所面临的根本问题是由于制度缺陷所导致的交易成本较高、发展潜力不足。诺斯（North，1986）指出，一种制度安排如果比其他制度需要更少交易成本，这种安排就比其他可供选择的安排更有效率。西蒙·库兹涅茨 1971 年 12 月在接受诺贝尔经济学奖颁奖典礼上演讲时讲道："一个国家的经济增长可以定义为这个国家向她的人口提供日益多样化的经济品能力的长期提升，这个增长中的能力靠的是技术的进步以及所需的制度和意识形态的调整。"① 因此，保税港区作为中国经济与世界经济全面接轨、深度参与国际分工的先行先试平台，其创新方向和制度变迁的结果必然是自由贸易区。

二　我国保税港区转型为自由贸易区的战略意义

（一）有利于提升我国经济的国际竞争力

现阶段，我国经济虽然取得了较大发展，加入世界贸易组织后经

---

① 《1971 年诺贝尔经济学奖得主——Simom Kuznets 西蒙·库兹涅茨》，http：llblog. si-ma. com. cn/yinyaming1111。

济开放程度也进一步扩大。但限于一些产业的发展水平和市场经济体制的不完善，仍无法全面实现自由贸易政策；而原来保税港区的政策优势也随着我国加入世界贸易组织而弱化。与此同时，贸易自由化和经济全球化促使发展自由贸易区成为一国融入世界经济的重要途径。许多国家纷纷建立自由贸易区，通过自开放政策吸引国外商品、服务、劳动力和资本等生产要素向本国流动，不仅促进了本国外向型经济的发展，也对我国保税港区的发展形成了有力的竞争。例如，我国保税港区就面临着来自东北亚各港口的激烈竞争和巨大挑战。在这种新形势下，我国保税港区的对外开放层次、开放范围亟须向自由贸易区推进，这不仅是维持我国保税港区在本地发展优势的需要，也是提升我国保税港区国际竞争力进而提升我国经济的国际竞争力、促进我国深度融入世界经济的需要。

（二）是应对国际新贸易保护主义的有力举措

我国在对外贸易发展上取得举世瞩目成就的同时，也加剧了我国与一些国家的贸易摩擦问题。限于世界贸易组织的相关规则，这些国家无法使用传统的贸易保护措施对我国进行贸易制裁；在这种情况下，新贸易保护主义不断抬头，公平贸易、环境保护、消费者权益、人体健康、技术规格等各种新型贸易壁垒层出不穷；而且这种制裁往往引起其他国家效仿，严重妨碍了我国对外贸易的发展。自由贸易区正是为克服各种贸易壁垒而存在，因此，我国需加快保税港区向自由贸易区转型的步伐，通过自由贸易区与国外组建自由贸易区形成集团优势。这将不但有效地应对个别国家针对我国实施的各种新贸易保护措施，还将有效地促进我国与相关地区的自由贸易甚至区域经济一体化的发展。

（三）促进我国市场机制的进一步完善

能否建立符合国际标准的市场机制是世界贸易组织对中国最为关注的问题，我国加入世界贸易组织也即意味着必须尽快建立起与国际接轨的市场机制。这不仅是国内经济发展的要求，也是我国必须履行的国际责任。自由贸易区高度的经济开放政策和规范的运作本身蕴含着较为完善的市场机制，而且这种完善的市场机制对周边地区有着广泛的示范效应。因此，我国保税港区向自由贸易区的转型有利于促进我国市场机制的进一步完善，并且向世界表明我国建立市场机制的决心，必将受到世界贸易组织及其他各国的肯定与欢迎。

（四）将有效促进保税港区现存问题的解决

我国保税港区向自由贸易区转型后，其现存问题将会得到有效解决。首先，保税港区向自由贸易区转型后将在税收、海关监管、外汇支付、企业准入标准等方面得到更开放的优惠政策；新的政策优势将为保税港区未来的发展注入新的活力。其次，保税港区的管理体制也将参照自由贸易区进行重新设计；多头管理、部门间政策冲突的状况将不再出现。再次，保税港区与港口的区港一体化建设将进一步释放保税港区物流业的发展活力，保税港区与港口区港联动、相互促进的经济效应将得到进一步显现。最后，转型后保税港区将制定统一的法律，不但明确其自由贸易区的性质、设区目的及发展规划，还将统一保税港区在相关方面的管理规定，保税港区的法律体系将得到进一步完善。

第三节　自由贸易区的发展对我国保税港区转型的启示

向自由贸易区转型是我国保税港区下一阶段发展的必然要求。保税港区向自由贸易区转型是一个系统工程，涉及面广，我们除了认识到保税港区与自由贸易区存在的各种差距，还需要充分吸收借鉴自由贸易区的发展经验，稳妥推进保税港区向自由贸易区的转型。世界自由贸易区的发展对保税港区转型的启示主要有以下几点：

（1）自由贸易区在功能运行上各有侧重，多由国家专门机构管理并各自拥有统一的法律。在功能运行方面，世界自由贸易区在功能定位、运行模式上由于各自经济发展状况、自然地理条件的不同而有所侧重。例如，巴塞罗那自由港为转口集散型自由贸易区，土耳其伊斯坦布尔为工贸型自由贸易区，新加坡为自由港型自由贸易区，意大利巴里为保税仓库型自由贸易区。在管理模式方面，世界自由贸易区的管理机构并不相同，如美国的贸易区委员会、荷兰的国际配销委员会等，但一般是由国家级部门直接管理，其中，由政府设立专责机构是荷兰自由贸易区发展成功的重要因素。此外，世界各自由贸易区也都有统一的自由贸易区法律，如新加坡、日本、韩国的特别法，欧盟及荷兰的关税法，美国的外贸易区法案等。世界自由贸易区以上的发展经验对我国保税港区在向自由贸易区的转型具有重要的启示作用，关于这点本书已在前文有所分析，这里不再赘述。

（2）稳定的政治、经济环境为我国保税港区的快速发展提供了优良的土壤。这点与大型自由贸易区所在国的情况相似。但在贸易政策方面不及自由贸易区开放，这也是我国保税港区向自由贸易区转型的主要变革内容。今后我国保税港区应进一步减少对商品的控制，放宽关税豁免范围。此外，我国保税港区区域面积相对偏小，有些贸易区即使紧邻优质港口也难以发展成为大型的综合型自由贸易区。我国在保税港区向自由贸易区转型的过程中，可合理增加保税港区区域面积，引导选择一部分地理环境优越的保税港区朝着大型综合型自由贸易区方向发展。

（3）自由贸易区的功能在不断调整。在"二战"以前，自由贸易区主要以自由港的形式存在，主要发挥对国外商品豁免关税的功能；在"二战"以后，在自由港基础上发展而来的出口加工区，除具有豁免关税功能外，还通过优惠的经济政策吸引海外投资发展出口替代工业，一些出口加工区还发展了转口贸易，自由贸易区的功能逐渐扩展；20世纪90年代至今，随着经济全球化的发展，自由贸易区的功能进一步被拓展，包括国际贸易、出口加工、保税仓储、物流分拨、商品展示、商品零售、货物商业性加工和转运等，各自由贸易区多选择依据自身条件侧重其中某几种功能进行发展。也有部分地理环境、经济发展状况较好的自由贸易区兼具以上各种功能。从自由贸易区的功能调整历程来看，我国保税港区的功能不应固定不变，应当随着经济的发展而不断调整。我国保税港区在向自由贸易区转型的过程中，应充分注意这一问题，结合自身条件不断拓展能够促进我国自由贸易发展的各种功能，进而更好地促进我国深入融入全球经济。

第四节 促进我国保税港区向自由贸易区
转型的政策建议

一 构建中国自由贸易区建设的法律保障制度

自由贸易区是提供贸易便利化、自由化的高度开放区域，是体现一国经济政策的稳定性和一致性的窗口。区内监管制度、政策是否具有长期有效性和可行性，是否符合国际惯例，直接关系到自由贸易区贸易、投资等经济活动的规模和质量；甚至影响区域经济的发展进程。因此，无论是欧美发达国家、东亚新兴经济体，还是拉美发展中国家，在兴办自由贸易区时都会参照国际惯例，由最高立法机构或地方机构先行制定自由贸易区法，通过法律制度来体现国家意志，保证自由贸易区各项政策的稳定性与连续性，为其各项功能发展和高效运营提供强有力的保障。

自 1990 年 6 月国务院批准设立第一个保税区以来，中国保税区建设与发展历程已走过了 20 多年，但我国仍然没有对保税区、保税港区、综合保税区等海关特殊监管区域进行国家层面的立法；仅仅是以政府规章、管理办法的形式加以说明、规范和管理。虽然少数几个保税区有地方立法，但缺乏国家层面法律法规的普适性和权威性。保税区的管理和经营在实践中缺乏权威的法律依据，只能通过揣摩国家和政府主管领导人的讲话来解释政策。这种立法的滞后严重影响保税港区建设与发展，一方面使保税港区在管理中存在体制不顺、政出多门、职能不清、管理混乱的现象；另一方面也容易使跨国公司和贸易经销商产生一种错觉，认为保税港区的贸易政策和优惠制度是中国的权宜之计，从而动摇投资者长期投资的信心。保税港区作为中国先行先试对外开放和制度创新的主要平台，国家必须以国家层面的法律（全国人大立法）制度，对自由贸易区的海关监管制度、管理体制、功能定位等基本问题表达出来，使保税区步入有法可依、持续稳定健康发展的轨道。因此，我国亟须在国家层面制定统一的保税港区法律体系。在具体制定时，可考虑从以下几个角度进行：

（1）完善现有的法律法规体系。首先完善《中华人民共和国海关保税港区管理暂行办法》；其次，各保税港区在国家管理办法的基础上，制定或完善各保税港区管理办法，做到有法可依、规范发展。

（2）制定海关特殊监管区域法律。可考虑将我国综合保税区、保税港区、出口加工区、保税物流园区等海关特殊监管区域统一起来，制定一部综合法律，规范它们的发展。

（3）考虑到保税港区的未来发展趋势，适时制定我国的《自由贸易区法》。为我国的保税港区向自由贸易区发展提供法律上的保障与支持。

强调保税港区立法的重要性，并不是说经济政策对保税港区无关紧要。但经济政策是政府在特定历史时期面对具体经济问题的产物；具有很较强的时间性、伸缩性和滞后性。而法律制度则具有恒定性、权威性，有着普遍的约束力。奥尔森（Olson，1996）认为，经济发展不仅决定于不同时期拟定的经济政策，更进一步决定于法律系统、政治结构、宪法等。中国正在建设市场经济制度，在这种新体制下，发展对外经贸关系更应注重法律化、制度化和规范化。

二 建立适合自由贸易区特点的海关监管制度

从国际规范的自由贸易区运作和国家立法来看，自由贸易区是一个免征关税、免进出口许可证和贸易配额的特殊经济区域。一国设立自由贸易区的主要目的，是为了去除关税和烦琐的海关手续对国际贸易的障碍，以提高国际贸易自由度，提升国际贸易分工水平，获取更多的国家利益。自由贸易区"境内关外"的特征，决定了自由贸易区的海关监管模式是"一线放开、二线管住、区内不干预"。所谓"一线"是指自由贸易区与国境外的通道口。"一线放开"的含义是指境外货物可以自由地进入自由贸易区，海关对它免于监管。同时自由贸易区内的货物可以自由地转运到其他国家和地区，海关同样不进行监管。所谓"二线"是指自由贸易区与关境内的通道口。"二线管住"的含义是指，商品从国内其他区域进入自由贸易区时，海关必须依据国家海关监管制度的相关规定，执行有关监管手续并征收关税；当货物从自由贸易区进入到国内其他区域时，海关同样依据海关监管的相关制度规定，履行有关进关手续并征收关税。"区内不干预"的含义是指无须经过海关的批准，自由贸易区内的商品可以进行储存、展示、装配加工、制造、流动和交易，而仅需海关备案。但保税区、保税港区在海关监管方式上，并未采用自由贸易区的监管模式，在很大程度上仍是一线、二线和区内三重管理。这种监管方式，限制了保税区、保税港区的发展和运作效率（舒榕怀，2000）。

只有确立了"境内关外"前提下的海关监管制度，才能解决保税区的根本性、制度性问题。

三　建立高效运作的自由贸易区管理体制

建立高效运行的管理体制是自由贸易区健康发展的首要条件。自由贸易区作为特殊的经济区域，其行政上的依赖性与经济上的独立性，决定了其管理体制和组织模式的复杂性。自由贸易区的管理体制包括两方面的内容：一是宏观层面上国家怎样对自由贸易区进行总体管理与协调，主要涉及国家宏观管理部门与地方政府的管理关系、地方政府与保税区管理机构的管理关系；二是在微观层面上自由贸易区如何搭建自身的管理架构和创新自己的管理模式。

中国保税港区的管理体制属于政府主导、带有行政计划性质的管理模式。保税港区管理委员会是保税港区所在地政府（一般为省级政府）的派出机构，负责对保税港区的发展规划、工程建设、投资审批等进行全面的管理。这种政府主导的管理体制和企业经营的结合，构成了中国保税港区管理和经营体制的基本框架。这一基本框架在保税港区的发展过程中，曾起到积极促进作用。但随着保税港区发展环境和现实的变化，逐渐暴露出不足与弊病。主要表现在宏观与微观两个层面。在宏观层面主要有：缺乏统一法律，导致各种法规和管理细则不一致甚至相互矛盾；保税港区概念理解不一、部门政策相互抵触、管理被动；管理体制滞后，功能拓展受到制约。在微观层面主要有：职能虚位，部门间结构冲突；机构膨胀，办事程序复杂，管理低效；一线、二线同时管理，贸易自由度差。

要从根本上解决保税港区的管理体制弊端，必须进行大胆的管理体制改革，进行制度创新。结合保税港区实际情况，可从以下几个方面创新管理体制：

（1）明确保税港区地位，建立统一、权威的管理机构。建议成立"中国保税港区管理委员会"并作为国务院独立结构，依法直接管理保税区。按照"小政府，大社会"的原则组建地方保税港区管理委员会。

（2）实施管理委员会与开发公司合二为一的开发建设体制，提高保税港区开发建设的效率。

（3）解除地方政府与保税港区的行政管理关系。

四　实现区港一体化

世界主要自由贸易区大多建立在与国际市场联系密切的港口和港口城市，这种区位优势有利于吸引外国直接投资（FDI），促进本国经济和贸易的发展。随着自由贸易区功能的不断深化，当今各国设立自由贸易区的主要目的日益趋向于更深层次参与国际分工和占领国际产业链的高端。因此，整合港口的区位优势和保税区的政策优势，实现区港一体化是保税（港）区成功转型为自由贸易区的必经路径。

五　合理调整保税港区战略布局，建立多层次保税港区发展体系

现阶段中国的保税港区主要分布在东南沿海地区，当初设立保税港区的主要目的是为了发展国际中转业务，加快外向型经济的发展步伐。但各保税港区主要发挥了出口加工功能，中转业务与物流服务水平，与邻近的韩国、日本的某些港口差距还较大。近年来，国际产业结构调整不断升级，技术创新已成为世界各国提升国际竞争力、推动经济增长的决定因素。保税港区应适应世界经济的变化，加快高新技术的研发与创新，促进中国经济结构的调整和经济增长方式的转变。根据保税港区不同的发展状况，应将部分保税港区的加工贸易逐步向中西部地区转移，加大对保税港区内高新技术产业的扶持力度，逐渐形成多层次的保税港区发展体系。首先，在区域布局上，考虑在西南、西北地区设立综合保税区；其次，在保税港区的申办方面，借鉴日本和韩国的经验，建立多层次的保税港区运行体系，以适应不同业务主体的需要。

六　紧跟国际自由贸易区发展，积极推进保税港区功能转型

明确的功能定位是保税港区发展的前提，而依托不同定位的功能拓展与功能转型将成为保税港区跨越式发展的突破点。我国保税港区发展的最终目标是发展成为国际自由贸易区。

合理的发展战略是成功转型为自由贸易区的根本保证。保税港区作为本国领土范围内的一块特殊经济区域，其地域范围是有限的。因此，选择合适的产业发展战略至关重要。不同的产业在厂房条件、运输要求上各不相同，因此相应的保税港区建设应满足本地产业发展的需求；同时还应充分考虑内陆腹地产业发展阶段和产业发展特点，做到与腹地产业发展的融合，才能最终促使其成熟发展；既促进国内国际经济交流，也带动国内经济发展，进而带来国际交通运输节点控制、信息集成和资金集聚等其他战略利益。

我国经济发展区域性特征明显，不同地区经济发展水平差距很大，造成各地保税港区的自身条件差异和区位优势不同。各地保税港区在发展基本功能的同时，应充分考虑自身优势，以腹地产业发展为后盾，选择不同的特色功能作为发展的重点。

七　明确各保税港区的功能定位，实行优势互补

我国所设立的保税港区主要分布于环渤海地区、长三角地区和珠三角地区。区内保税港区距离较近，经济腹地多有重叠和交叉。许多保税港区在功能定位上相近，发展思路与方向上多有雷同。因此，使得各保税港区在业务发展上的竞争多于合作，不利于我国保税港区的长远发展和健康发展。解决此问题的关键在于各保税港区要有自己的明确定位和发展方向，特别是结合腹地经济情况进行发展，实行保税港区之间的错位竞争，优势互补，协同发展。

参考文献

[1] Alchian Aemen and H. Demsetz, "Production, Information Cost and Economic Organization", *American Economic Review*, Vol. 62, No. 2, 1972, pp. 21 – 41.

[2] Arrow K. J., "The Organization of Economic Activity: Issues Pertinent to the Choice of Market versus Nonmarket Allocation", in *The Analysis and Evaluation of Public Expenditure: The PPB System*, *U. S. Joint Economic Committee*, 91st *Congress*, 1st *Session*. Washington D. C. Government Pringting Office, 1969, pp. 59 – 73.

[3] Balassa B., "Exports and Economic Growth: Further Evidence", *Journal of Development Economics*, Vol. 5, No. 2, pp. 181 – 189.

[4] Baldwin R. E. and Robert – Nicoud, F., "The Impact of Trade on Intra – Industry Reallocations and Aggregate Industry Productivity: A Comment", NBER Working Paper, No. 10718, 2004, http://www. nber. org/papers/w10718.

[5] Benham A. and L. Benham, *Measuring the Cost of Exchange*, Manuscript, The Ronald Coase Institute and Washington University in St. Louis, 1998.

[6] Benham A. and L. Benham, "The Costs of Exchange: An Approach to Measuring Transsaction Costs", Manuscript, The Ronald Coase Institute and Washington University in St. Louis, 2004.

[7] Coase R. H., "The Nature of the Firm", *Economic*, Vol. 4, No. 16, 1937, pp. 386 – 405.

[8] Coase R. H., "The Problem of Social Costs", *Journal of Law*

and Economic, Vol. 3, No. 1, 1960, pp. 1 – 44.

[9] Demsetz H. , "Toward a Theory of Property Right", *American Economic Review*, Vol. 5, No. 2, 1967, pp. 347 – 359.

[10] Djankov S. , Rafael La Porta, Florencio Lopez – de – Silanes and Andrei Shleifer, "The Regulation of Entry", *Quarterly Journal of Economics*, Vol. 117, No. 1, 2002, pp. 1 – 37.

[11] Gregory N. Stock, Noel P. Greis and John D. Kasarda, "Enterprise Logistics and Supply Chain Structure: the Role of Fit", *Journal of Operations Management*, 2000, pp. 531 – 547.

[12] Helpman E. , Melitz M. J. and Yeaple S. R. , "Export vs FDI with Heterogeneous Fims ", *American Economic Review*, Vol. 94, No. 1, 2004.

[13] Helpman E. and Krugman P. R. , *Market Structure and Foreign Trade*, MIT Press, Cambridge, 1985.

[14] Hendrks P. , "Why Share Knowledge? The Influence of ICT on Motivation for Knowlegde Sharing", *Knowledge and Process Management*, Vol. 6, No. 2, 1999, pp. 91 – 100.

[15] Hokey Min and Gengui Zhou, "Supply Chain Modeling Past, Present and Future", *Computers & Industrial Engineering*, Vol. 43, No. 1 – 2, 2002.

[16] Hokey Min, Vaidyanathan Jayaraman and Rajesh Srivastava, "Combined Location – Routing problems A Synthesis and Future Research Directions", *European Journal of Operational Research*, Vol. 108, No. 1, 1998.

[17] Jang Yang – Ja, Jang Seong – Yong, Chang Byung – Mann and Park Jinwoo, "A Combined Model of Network Design and Production/Distribution Planning for a Supply Network", *Computers and Industrial Engineering*, Vol. 43, No. 1 – 2, 2002.

[18] Krugman P. R. , "Scale Economies, Product Differentiation, and the Pattern of Trade", *American Economic Review*, Vol. 70, No. 5,

1980.

[19] Lesmond D. A. and Joseph P. Ogden, "A New Estimate of Transaction Costs", *The Review of Financial Studies*, Vol. 12, 1999.

[20] Mclntyre John R., Rajneesh Narula and Len J. Trevino, "The Role of EPZs for Host Countries and Multinationals: A Mutually Beneficial Relationship?", *The International Trade Journal*, Vol. 10, No. 4, 1996.

[21] Ning Wang, "Measuing Transaction Costs An Incomplete Survey", *The Ronald Coase Institute Working Paper Series*, No. 2, 2003.

[22] North D. C., *Institute, Institutional Change and Economic Permance*, Cambridge Unversity Press, 1990.

[23] North D. C., "Government and the Cost of Exchange in History", *Journal of Economic History*, Vol. 44, No. 2, 1984.

[24] North D. C., "Institutions, Transaction Costs and Economic Growth", *Economic Inquiry*, Vol. 25, No. 3, 1987.

[25] North D. C., "Insititutions", *Journal of Economic Perpectives*, Vol. 5, No. 1, 1991.

[26] Willis J. J. and D. C. North, *"Measuring the Transaction Sector in the American Economy: 1870 - 1970 with a Comment by Lance Davish"*, *in Long - Term Factors in American Economic Growth*, Stanley L. Engerman and Robert E. Gallman eds., University of Chicago Press, 1986.

[27] Bela Balassa, *Theory of Economic Integration*, London: All & Unwin, 1961.

[28] Warr Peter G., "Export Processing Zones: The Economics of Enclave Manufacturing", *World Bank Research Observer*, Vol. 4, No. 1, 1989.

[29] Wei Ge, "The Dynamics of Export - Processing Zones, Discussion Paper", No. 144, UNCTAD, 1999.

[30] Williamson, Oliver E., "The Economic of Organization: The Transaction Cost Approach", *American Journal of Sociological*, Vol. 87, No. 3, 1981.

［31］Banker R. D. , Charnes A. and Cooper W. W. , "Some Models for Estimating Technical and Scale Inefficiencies in Data Envelopment Analysis", *Management Science*, Vol. 30, No. 9, 1984.

［32］Dyson R. G. , Allen R. , Camanho A. S. , Podinovski V. V. , Sarrico C. S. and Shale E. A. , "Pitfalls and Protocols in DEA," *European Journal of Operational Research*, Vol. 132, No. 2, 2001.

［33］白新宇、葛智敏：《创新外汇管理模式积极推动保税区向自由贸易区转型》,《港口经济》2006 年第 1 期。

［34］［美］彼得·林德特、查尔斯·金德尔伯格：《国际经济学》, 上海译文出版社 1985 年版。

［35］［英］彼得·罗布森：《国际一体化经济学》, 戴炳然等译, 上海译文出版社 2001 年版。

［36］陈军亚：《西方区域经济一体化理论的起源及发展》,《华中师范大学学报》2008 年第 6 期。

［37］陈浪南、董汉、谢锦陞：《世界自由贸易区发展模式比较》,《税务研究》2005 年第 8 期。

［38］陈铭、刘仲英：《国际贸易的内生化新体系：新兴古典贸易理论》,《经济经纬》2006 年第 4 期。

［39］陈淑真、张先锋：《逐鹿自由贸易区》,《招商周刊》2003 年第 5 期。

［40］陈双喜、戴明华：《港口竞争力评价模型与东北亚港口竞争力的评价》,《大连海事大学学报》（社会科学版）2006 年第 4 期。

［41］陈双喜、田芯：《我国保税区与世界自由贸易区的比较研究》,《大连海事大学学报》2004 年第 2 期。

［42］陈双喜、张峰：《影响中国保税区经济可持续发展的指标体系与评价模型》,《大连海事大学学报》（社会科学版）2005 年第 4 期。

［43］陈益升等：《国家高新区考核评价指标体系设计》,《科研管理》1996 年第 6 期。

［44］成思危：《从保税区到自由贸易区：中国保税区的改革和发

展》，经济科学出版社 2003 年版。

[45] 成思危：《我国保税区改革与向自由贸易区转型》，《港口经济》2004 年第 2 期。

[46] 仇燕萍、宣昌勇：《国外自由贸易区的发展对我国保税区转型的启示》，《云南贸易学院学报》（社会科学版）2007 年第 1 期。

[47] 笪凤媛、张卫东：《交易费用的含义及测度：研究综述和展望》，《制度经济学研究》2010 年第 1 期。

[48] 丁井国、钟昌标：《港口与腹地经济关系研究》，《经济地理》2010 年第 7 期。

[49] 董惟忠：《对我国保税区和保税物流区发展的认识与建议》，《宏观经济研究》2005 年第 5 期。

[50] 法元东：《保税港区推动建设青岛东北亚区域物流中心》，《中国水运》2008 年第 11 期。

[51] 樊纲、王小鲁、张立文、朱恒鹏：《中国各地区市场化相对进程报告》，《经济研究》2003 年第 3 期。

[52] 高海乡：《中国保税区转型的模式》，上海财经大学出版社 2006 年版。

[53] 顾六宝、姚伟：《交易效率：中国保税区发展评价的新视角》，《河北经贸大学学报》2011 年第 6 期。

[54] 顾钰民、史建三、周亚芬：《中国保税区》，中国经济出版社 1994 年版。

[55] 郭信昌：《世界自由港和自由贸易区概论》，北京航空学院出版社 1987 年版。

[56] 郭亚军、潘建民、曹仲秋：《由时序立体数据表支持的动态综合评价方法》，《东北大学学报》（自然科学版）2001 年第 4 期。

[57] 郭亚军：《综合评价的理论与方法》，科学出版社 2002 年版。

[58] 郭亚军等：《基于最小方差的动态综合评价方法及应用》，《系统工程与电子技术》2010 年第 6 期。

[59] 郭振、王丽娜：《我国保税区国际物流发展的状况与促进对

策》,《物流科技》2006 年第 1 期。

　　[60] 国家发改委课题组:《新形势下保税区的转型方向和政策调整》,《港口经济》2006 年第 6 期。

　　[61] 韩景:《保税区发展、空间演化及其区域效应研究》,博士学位论文,辽宁师范大学,2008 年。

　　[62] 洪叶:《多层次的港口物流发展与整合研究》,硕士学位论文,上海交通大学,2008 年。

　　[63] 胡浩:《论出口加工区的发展及对我国出口竞争力的影响》,《南京工业大学学报》(社会科学版) 2003 年第 3 期。

　　[64] 胡怀国:《赫尔普曼对新贸易理论和新增长理论的贡献》,《经济学动态》2003 年第 7 期。

　　[65] 胡梅娟、张泽伟:《中国保税港区布局初定》,《瞭望》2007 年第 51 期。

　　[66] 胡曙光、陈启杰:《制度效率与交易制度比较研究》,《财经研究》2002 年第 10 期。

　　[67] 纪沈岑:《从保税港区到自由贸易港区:天津东疆保税港区功能转型的可行性研究》,硕士学位论文,天津师范大学,2008 年。

　　[68] 纪昀:《从新古典到新兴古典:国际贸易理论的最新发展》,《世界经济研究》2000 年第 1 期。

　　[69] 蒋琴儿、刘德弟:《我国保税区转型模式及其发展前景》,《商业时代》2006 年第 9 期。

　　[70] 孔文、刘晓媚:《港区一体化的制度创新》,《大连海事大学学报》(社会科学版) 2008 年第 6 期。

　　[71] 李泊溪:《天津滨海新区发展自由贸易区的思考》,《海口经济》2006 年第 5 期。

　　[72] 李泊溪:《中国建立自由贸易区是改革开放的新推进》,《经济研究参考》2009 年第 10 期。

　　[73] 李晶、吕靖:《腹地经济发展对港口吞吐量影响的动态研究》,《水运工程》2007 年第 11 期。

　　[74] 李力:《中国保税区应向自由贸易区转型》,《特区理论与

实践》2001 年第 6 期。

[75] 李友华：《我国保税区管理体制的成因、弊端及体制重构》，《安徽师范大学学报》2004 年第 3 期。

[76] 李友华：《我国保税区管理体制改革目标模式分析兼我国保税区与国外自由贸易区比较》，《烟台大学学报》2006 年第 1 期。

[77] 李友华：《中国保税区发展面临的十大难题》，《国际贸易问题》2001 年第 10 期。

[78] ［美］理查德·A. 约翰逊、迪安·W. 威克恩：《实用多元统计分析》（第 6 版），清华大学出版社2008 年版。

[79] 梁军：《论亚当·斯密对国际经济贸易理论发展的贡献与影响》，《齐鲁学刊》2009 年第 6 期。

[80] 廖国民、王永钦：《论比较优势与自生能力的关系》，《经济研究》2003 年第 9 期。

[81] 刘恩专、陈旭：《滨海新区与浦东新区 FDI 业绩潜力指数比较分析》，《现代财经》2009 年第 10 期。

[82] 刘恩专：《保税区竞争力：分析框架与实证检验》，《现代财经》2004 年第 1 期。

[83] 刘恩专：《天津港保税区区域经济发展效应的分析评价》，《现代财经》1999 年第 2 期。

[84] 刘恩专：《中国保税区绩效评价及发展政策取向》，《港口经济》2004 年第 3 期。

[85] 刘剑文、魏建国、翟继光：《中国自由贸易区建设的法律制度保障》，国家自然科学基金课题研究报告，2002 年。

[86] 刘辉群、刘恩专：《中国保税港区发展及其绩效评价》，《商业研究》2008 年第 11 期。

[87] 刘辉群：《中国保税港区发展及其功能创新》，《国际商务研究》2008 年第 3 期。

[88] 刘辉群：《中国保税区国际物流发展状况及策略分析》，《山东对外经贸》2002 年第 12 期。

[89] 刘辉群：《中国保税区向自由贸易区转型的研究》，《中国

软科学》2005 年第 5 期。

[90] 刘兴开：《我国保税港区与日韩保税区发展的比较分析》，《特区经济》2012 年第 2 期。

[91] 刘兴开、周晗：《保税区对腹地经济的拉动效应分析》，《商业时代》2012 年第 34 期。

[92] 刘雪飞：《天津保税区未来发展方向和目标定位的思考》，《港口经济》2006 年第 4 期。

[93] 刘元春、廖淑萍：《新贸易理论：缘起及其发展逻辑》，《教学与研究》2004 年第 4 期。

[94] 刘渊渊：《我国保税区运行效率的统计评价与分析》，博士学位论文,河北大学，2010 年。

[95] 刘正：《完善我国对外投资法制　促进自由贸易区投资》，《法学杂志》2009 年第 10 期。

[96] 卢现祥、朱巧玲：《交易费用测量的两个层次及其相互关系研究述评》，《数量经济技术经济研究》2006 年第 7 期。

[97] 马强：《世界区域经济一体化发展模式、路径及趋势》，《宏观经济管理》2007 年第 9 期。

[98] 孟广文：《自由经济区演化模式及对天津滨海新区的启示》，《地理学报》2009 年第 12 期。

[99] 牛玉凤：《我国保税区向自由贸易区转型研究》，硕士学位论文,兰州商学院，2008 年。

[100] 潘晓峰：《上海外高桥保税区竞争力分析及展望》，硕士学位论文,上海交通大学，2006 年。

[101] 庞瑞芝：《我国主要沿海港口的动态效率评价》，《经济研究》2006 年第 6 期。

[102] 祁欣：《中日保税区域发展对比分析及借鉴》，《国际经济合作》2009 年第 12 期。

[103] [美] 萨尔瓦多：《国际经济学》，宋宝宪等译，清华大学出版社2004 年版。

[104] 散襄军：《保税区向具有综合竞争优势的自由贸易区转型

探讨》，《管理世界》2002 年第 5 期。

　　［105］施欣、徐大振：《保税区发展理论与实践》，兰州大学出版社 1995 年版。

　　［106］盛广成：《大连保税区现代物流发展战略研究》，博士学位论文，大连海事大学，2005 年。

　　［107］舒榕怀：《从保税区走向自由贸易区——略论我国保税区发展的趋向》，《世界经济文汇》2000 年第 3 期。

　　［108］苏迎春、周廷刚：《我国保税港区空间布局及战略意义》，《商场现代化》2009 年第 1 期。

　　［109］孙国锋：《制度、交易成本与社会责任的关系》，《兰州大学学报》2003 年第 3 期。

　　［110］孙维言：《当代国际贸易及其理论的发展》，《国际贸易问题》1997 年第 10 期。

　　［111］孙秀君：《从美国自由贸易区法看我国保税区的制度定位》，《产权导刊》2006 年第 8 期。

　　［112］陶锋、莫桂海：《我国保税区发展水平及其对腹地经济依赖的实证研究》，《金融经济》2009 年第 8 期。

　　［113］涂锦、王成璋：《信息化演进与交易效率》，《数量经济技术经济研究》2004 年第 10 期。

　　［114］王怀岳：《在东北亚经济竞争中我国自由贸易区港发展对策》，《港口经济》2004 年第 2 期。

　　［115］王杰、杨赞、陆春峰：《港口腹地划分的两种新方法探讨》，《中国航海》2005 年第 3 期。

　　［116］王莉、陈宁：《我国保税区向自由贸易区转型的若干问题评述》，《港口经济》2005 年第 4 期。

　　［117］王任祥、邵万清等：《保税港区建设与发展探索——宁波梅山保税港区建设与发展专题研究》，经济管理出版社 2010 年版。

　　［118］王晓英：《国际贸易理论发展的思考》，《山西财经大学学报》2002 年第 24 期。

　　［119］王艳红：《中国—东盟自由贸易区的经济效应研究》，博

士学位论文，南开大学，2010 年。

［120］王宗军、崔鑫、郭忠林、周庆维：《中国保税区发展水平的集成式智能型综合评价系统研究》，《中国管理科学》2005 年第 2 期。

［121］魏明英：《论保税制度及其在经济发展中的作用》，《陕西经贸学院学报》1997 年第 6 期。

［122］吴殿廷：《区域经济学》（第 2 版），科学出版社 2009 年版。

［123］吴敏：《美国对外贸易区的贸易便利化制度及对我国保税港区的启示》，《法制与社会》2010 年 3 月（中）。

［124］吴建：《国际贸易理论之简评》，《商业研究》2004 年第 291 期。

［125］吴松弟、樊如森：《天津开埠对腹地经济变迁的影响》，《史学月刊》2004 年第 1 期。

［126］肖建兵：《青岛建设自由贸易港区研究》，硕士学位论文，大连海事大学，2006 年。

［127］［英］亚当·斯密：《国民财富的性质和原因的研究》，郭大力、王亚南译，商务印书馆 1972 年版。

［128］闫永增：《京唐港与唐山经济社会的发展》，《特区经济》2006 年第 4 期。

［129］严骏伟：《中国保税区的功能研究》，同济大学出版社 1995 年版。

［130］杨宏玲：《中印自由贸易区的可行性及推进战略研究》，博士学位论文，河北大学，2010 年。

［131］杨建文、陆军荣：《中国保税港区：创新与发展》，上海社会科学院出版社 2008 年版。

［132］杨坤、舒敏：《我国保税区转型模式探析》，《黑龙江对外经贸》2009 年第 1 期。

［133］杨金花：《天津保税区与巴拿马科隆自贸区比较研究》，《现代商贸工业》2009 年第 16 期。

［134］杨明华：《我国保税区向自由贸易区转型研究》，《学海》2008 年第 1 期。

［135］杨小凯、张永生：《新贸易理论、比较利益理论及其经验研究的新成果：文献综述》，《经济学》（季刊）2001 年第 1 期。

［136］杨新华：《区域经济学下的中国保税区》，经济科学出版社 2008 年版。

［137］姚伟、孔珊珊：《基于交易效率水平的中国保税区发展状况研究》，《河北大学学报》（哲学社会科学版）2011 年第 4 期。

［138］叶飞文：《中国保税区比较研究》，《综合竞争力》2010 年第 2 期。

［139］尤悦：《北美自由贸易区的示范性作用》，《财经视点》2008 年第 12 期。

［140］于业明、王欣、王建军：《新兴古典经济学述评》，《世界经济文汇》2001 年第 2 期。

［141］［德］约翰·冯杜能：《孤立国同农业和国民经济的关系》，吴衡康译，商务印书馆 1986 年版。

［142］张定胜：《国际产业转移的经济分析》，《重庆大学学报》2008 年第 1 期。

［143］张二震：《国际贸易分工理论演变与发展述评》，《南京大学学报》2003 年第 1 期。

［144］张帆：《世界自由贸易区与我国保税之比较》，《时代经贸》2005 年第 3 期。

［145］张凤清：《保税区与自由贸易区的比较》，《港口经济》2002 年第 4 期。

［146］张海波：《保税区向自由贸易区转型的制度研究》，《北方经济》2006 年第 17 期。

［147］张军、傅勇、高远、张弘：《中国基础设施的基础研究：分权竞争、政府治理与基础设施的投资决定的研究报告》2006 年。

［148］张世坤：《保税区向自由贸易区转型的模式研究》，博士学位论文，大连理工大学，2005 年。

［149］张世坤：《保税区向自由贸易区转型的机理和对策研究》，《管理世界》2005 年第 10 期。

［150］张向先等：《高技术产业开发区评价方法研究》，《科学学研究》1997 年第 3 期。

［151］张尧庭、方开泰：《多元统计分析引论》，科学出版社1982 年版。

［152］张耀光、刘锴、刘桂春、潘庆广：《中国保税港区的布局特征与发展战略》，《经济地理》2009 年第 12 期。

［153］张玉柯、杨宏玲：《国际经济学》，河北大学出版社 2003年版。

［154］赵爱清：《国际贸易理论发展的内在逻辑及方向》，《当代财经》2005 年第 6 期。

［155］赵红军：《交易效率：衡量一国交易成本的新视角——来自中国数据的检验》，《上海经济研究》2005 年第 11 期。

［156］赵晋平：《中国加快 FTA 进程》，《瞭望》2007 年第 50 期。

［157］赵榄、常伟：《全球化下中国保税区与腹地经济发展：基于面板数据的经验研究》，《重庆大学学报》（社会科学版）2008 年第14 期。

［158］赵红军：《交易效率、城市化与经济发展——一个城市化经济学分析框架及其在中国的应用》，博士学位论文，复旦大学，2005 年。

［159］赵韬：《经济全球化下保税区的功能转型与发展模式研究》，博士学位论文，武汉理工大学，2011 年。

［160］赵亚明：《分工、交易效率与区域差距的关系研究》，《甘肃省经济管理干部学院学报》2007 年第 2 期。

［161］钟昌标：《国际贸易与经济发展理论研究述评》，《中共福建省党校学报》2000 年第 5 期。

［162］"中国保税区转型的目标模式研究"课题组、隆国强、吕刚：《保税区向自由贸易港区转型》，《新经济导刊》2003 年第 14 期。

［163］钟坚：《美国对外贸易区的发展模式及其运行机制》，《特

区经济》2000 年第 6 期。

　　［164］钟乃仪：《国际贸易理论的新发展与东亚实践》，《亚太经济》2007 年第 1 期。

　　［165］周娜、杨明华：《谈我国从保税区向自由贸易区的转型问题》，《当代经济》2007 年第 10 期。

　　［166］朱廷：《当代国际贸易理论创新的若干特征》，《国际贸易问题》2004 年第 2 期。

　　［167］邹伟宏、乔彦立：《大连保税区向自由贸易区的转型》，《大连海事大学学报》2008 年第 6 期。

　　［168］左昊华：《天津保税区社会经济福利水平的实证评价》，《当代财经》2004 年第 4 期。